# INGO ZAMPERONI
# ANDERLAND

# INGO ZAMPERONI

# ANDERLAND

Ullstein

ISBN 978-3-550-05050-3
© 2018 Ullstein Buchverlage GmbH, Berlin
Alle Rechte vorbehalten
Lektorat: Jan Martin Ogiermann
Gesetzt aus der Quadraat
Satz: Pinkuin Satz und Datentechnik, Berlin
Druck und Bindearbeiten: GGP Media GmbH, Pößneck

Für AHL

»Nicht immer werden aufgeklärte Staatsmänner
am Ruder sein.«

James Madison, Vierter Präsident der Vereinigten Staaten,
Architekt des Systems der *Checks and Balances* und Verfasser der *Bill of Rights*

# Inhalt

# Prolog

»*I don't fucking believe it.*« In ihrer Stimme schwingt neben einer Mischung aus Unglauben, Empörung und Ärger vor allem eins mit: Panik. *Ich glaub es einfach nicht! Was zum Teufel passiert hier gerade?* Es ist dieselbe Frage, die auch ich mir gerade stelle. Und ich habe keine Antwort.

Meine Frau war teils aus beruflichen, teils aus persönlichen Gründen eigens nach New York gereist, damit sie den historischen Moment live miterleben konnte. Der spektakuläre Rahmen: das Javits Center direkt in Midtown Manhattan am Ufer des Hudson, mit Blick auf die legendäre Skyline von New York City. In die imposante Glas- und Stahlkonstruktion hatte Hillary Clinton zu ihrer Wahlparty geladen, um vor Tausenden von Mitstreitern, Anhängern und Journalisten aus aller Welt den erwarteten Wahlsieg zu feiern. Der Ort mit all den transparenten Wänden und Decken war bewusst gewählt, die Anspielung nicht zu übersehen: Clinton würde heute Abend die sprichwörtliche gläserne Decke durchbrechen und die erste Frau in diesem mächtigsten Amt der Welt werden – der ultimative Höhepunkt ihrer so wechselvollen Karriere. Nach diesem epochal neuen Kapitel in der Geschichte der Vereinigten Staaten von Amerika hatte es den ganzen Wahltag über noch ausgesehen, die Umfragen hatten bis zuletzt einen Clinton-Sieg vorausgesagt. Die

Stimmung in der Menge war entsprechend zuversichtlich, Katy Perry hatte gesungen, die Leute hatten getanzt.

»Das glaube ich verdammt noch mal nicht«, sagt meine Frau nun mit bebender Stimme ins Telefon und wiederholt ihre Frage: »Wie ist das möglich?« Sie hatte gerade noch eine Runde durch die Menge im Javits Center gedreht und plötzlich gespürt, dass etwas nicht stimmt, hatte gemerkt, dass die greifbare Zuversicht in nervöses Unbehagen und Verunsicherung kippt, als auf der gigantischen Leinwand das erstrahlt, was auch ich knapp vierhundert Kilometer weiter südlich im ARD-Studio Washington, erst einmal erfassen muss: Donald Trump hat soeben Ohio gewonnen. Ohio! Der klassischste aller *swing states*, weil er in seiner Durchschnittlichkeit eine Art Mikrokosmos der USA darstellt. Seit 1964 hat Ohio immer für den späteren Wahlsieger gestimmt. Obwohl Trump dort in Umfragen vorne lag, hatte sich das Clinton-Lager in diesem Staat etwas ausgerechnet.

Es ist der Abend des 8. November 2016, kurz vor 22 Uhr 30 Ostküstenzeit. Vor knapp viereinhalb Stunden haben die ersten Wahllokale geschlossen. Und zunächst ist alles wie erwartet verlaufen. Clinton hat einige der sogenannten *blue states* – sichere Lager für die Demokraten – gewonnen: Vermont, Massachusetts, New York. Trump hat eisern republikanische *red states* geholt: Texas, South Carolina, Kentucky. Doch entscheidende Staaten wie Florida bleiben nervenaufreibend lange *too close to call* – dort laufen Kopf-an-Kopf-Rennen, denn noch sind nicht alle Wahlkreise ausgezählt. In den drei wichtigen Staaten von Hillary Clintons sogenannter *fire wall* – Pennsylvania, Wisconsin und Michigan – war für einen früheren Zeitpunkt mit Klarheit gerechnet worden. Sie hatte dort in den Umfragen stets äußerst komfortabel vorne gelegen – so komfortabel, dass sie in der Endphase des Wahlkampfs im seit Jahren demokratisch wählenden Wisconsin kaum noch Geld für Wahlwerbespots ausgegeben hatte und dort auch nicht mehr aufgetreten war.

Doch die »Brandmauer« droht zu bröckeln. Mit jeder Minute, die verstreicht, pocht von tief unten ein dumpfes Gefühl herauf, erst verschwommen, dann immer heftiger und nicht mehr unterdrückbar: Er könnte gewinnen.

*Er. Könnte. Tatsächlich. Gewinnen.*

Unfassbar. Und jetzt also steht fest: Trump hat mit Ohio eine Herzkammer des *rust belt*, des Industriegürtels im Mittleren Westen der USA, eingenommen. Ein Omen?

»Naja, sieh es mal so«, versuche ich meine Frau zu beruhigen, »solange er nicht auch Pennsylvania und die anderen wichtigen Staaten im Mittleren Westen gewinnt, müsste es trotzdem reichen.«

»Aber er liegt dort überall vorne ...«

»Schon, aber die ländlichen, dünn besiedelten Wahlkreise zählen immer schneller aus, und natürlich liegt Trump daher jetzt ein paar Prozentpunkte in Führung. Warte mal ab, bis etwa in Pennsylvania die liberaleren, jüngeren Wahlkreise in den Städten dazukommen ... Pittsburgh, Philadelphia. Dann sieht das schon ganz anders aus.«

»Ich weiß nicht. Hier ist gerade völlig die Luft raus ...«

Mit einem Knoten im Magen legen wir auf. Ich starre wieder gebannt auf den Fernseher.

Dabei hatte der Tag so unverfänglich begonnen. Es ist einer jener goldenen Spätherbsttage, die typisch für die amerikanische Ostküste sind, mit zwar frischen Temperaturen, aber strahlend blauem Himmel. Wir waren frühmorgens noch vor der Schule zusammen mit den Kindern wählen gegangen. Meine Frau gab ihre Stimme im Gemeindesaal einer alten Kirche ab, die mit einem großen Plakat im Vorgarten damit wirbt, dass sonntags eine Rockband die Messe begleitet. Der in den USA stets an einem Dienstag mitten in der Woche liegende Wahltermin ist sehr unpraktisch für die arbeitende Bevölkerung und eine der vielen anachronistischen Traditionen aus den Anfängen dieses Landes, an denen die Amerikaner unbeirrbar festhalten – ein Erbe der Puritaner: Sonntag ist der Tag des Herrn, also tabu, Montag war im landwirtschaftlichen Amerika des 18. und 19. Jahrhunderts Anreisetag zu den Wahllokalen in den entfernten Kreisstädten. Also Dienstag, und zwar immer der nach dem ersten Montag im November.

Die Kinder hatten gespürt, dass es ein besonderer Tag war. Washington ist logischerweise ohnehin eine sehr politisierte Stadt; und dem gigantischen Zirkus, den so ein fast zweijähriger Präsidentschaftswahlkampf bietet, konnten auch sie sich nicht entziehen. Besonders die zahlreichen Vorwahlen, in denen fast jede Woche ein anderer Staat über die jeweiligen Kandidaten der Parteien abstimmte, hatten sie fasziniert. Sie sahen es wie einen sportlichen Wettkampf, wie Olympische Spiele, mit den Kandidaten als Athleten. »Wer hat diesmal gewonnen?«, fragten sie morgens gleich als Erstes. Besonders meine ältere, damals achtjährige Tochter war Feuer und Flamme für die erste weibliche Präsidentschaftskandidatin der USA. Sie mochte das T-Shirt, das ihre Mutter am Election Day trug, mit dem Aufdruck »Vote for the girl!« – »Gib dem Mädchen deine Stimme!«. Allein deshalb hätte meine Frau gerne Hillary Clinton als Präsidentin gesehen: als deutliches Signal für die nächste Generation starker amerikanischer Frauen. Meine Älteste durfte dann sogar den Wahlzettel in die Urne werfen und trug für den Rest des Tages stolz einen »I voted«-Aufkleber (»Ich habe gewählt«) auf dem Pullover.

Nachdem wir die Kinder in die Schule gebracht hatten, machte sich meine Frau auf den Weg nach New York zu besagter

Wahlparty, während ich zu meiner Redaktion ins ARD-Studio fuhr. Zwei Wochen zuvor hatte ich in Hamburg meinen neuen Job als Moderator der *Tagesthemen* begonnen. Den Schlusspunkt dieses wohl verrücktesten, unwahrscheinlichsten und bizarrsten Wahlkampfs in der Geschichte der USA, den ich von Anfang an als Korrespondent begleitet hatte, musste ich aber zum Glück nicht aus der Ferne beobachten, denn wir hatten die gesamte Sendung nach Washington verlagert.

An diesem sonnigen Dienstag senden wir also um 16 Uhr 15 Ortszeit – 22 Uhr 15 deutscher Zeit – die gesamte halbe Stunde *Tagesthemen* live vom Dach eines Bürogebäudes gegenüber dem Weißen Haus – vor spektakulärer Kulisse und mit ungestörtem Blick auf das Zentrum der Macht.

Direkt neben uns hat der Nachrichtensender CNN seine Kameras aufgebaut, und die Kollegen machen jetzt das, was kaum jemand so gut beherrscht wie amerikanische Fernsehjournalisten: Sendezeit füllen. Als ich zwischen zwei Ablaufproben mit dem Aufzug vom Dach hinunter ins Foyer des Gebäudes fahre, steigt im letzten Augenblick der CNN-Anchorman Jake Tapper hinzu. Wir sind uns vor einigen Monaten schon einmal über den Weg gelaufen – beim Abholen unserer Kinder. Meine jüngere Tochter ging in dieselbe Kita wie sein Sohn. Ich begrüße ihn, und in typisch amerikanischer Profimanier grüßt er sofort zurück: »Ach ja, na klar. Wie geht's denn so?« Unheimlich höflich, aber es ist offensichtlich, dass er sich nicht die Spur an mich erinnert. Wofür ich vollstes Verständnis habe. Unsere Begegnung war sehr flüchtig, und vor allem: Wir alle haben heute den Kopf wahrlich voll mit anderen Dingen.

»Und, Jake, was meinst du?«

»Tjaaa …« Ein vielsagender Blick. »Das wird interessant. Wir werden sehen.«

Und wie wir sehen sollten.

In den *Tagesthemen* schalten wir zu meinem Kollegen Stefan Niemann, der sich ebenfalls nach New York ins Javits Center aufgemacht hat. Man sei dort durchaus angespannt, aber letztlich guter Dinge, sagt er, man bereite sich auf eine rauschende Party vor. Das ist am Nachmittag vor Schließung der Wahllokale. Über das Endergebnis würden wir erst in der Sendung am nächsten Tag berichten können.

Im ARD-Studio bereiten wir diese Nachwahlsendung bereits vor. Wir versuchen dabei zwar, alle Eventualitäten abzudecken, aber ehrlich gesagt ist der Ablauf mit den geplanten Beiträgen, Schalten und Expertengesprächen auf einen Clinton-Sieg ausgerichtet. Daran ändert sich zunächst auch nichts, als über die Fernseher erste Ergebnisse einlaufen.

Auch jetzt nicht, nach Ohio. Ich schaue in die Runde der angereisten Kollegen aus Hamburg und erzähle mit Blick auf die restlichen Staaten dasselbe, was ich schon meiner Frau erzählt hatte. Doch dann, keine Stunde nach Ohio, *breaking news*: Trump holt Florida! Und jetzt zeichnet sich sein Weg zu den erforderlichen 270 Wahlmännerstimmen sehr viel klarer ab als der von Hillary Clinton.

Ungläubige Blicke überall im Studio. Die verantwortliche Redakteurin für die morgige Sendung, Bettina Winter, reagiert pragmatisch: »Ich schätze, wir müssen umdenken und ganz andere Stücke bestellen.« Die übrigen Redakteure ahnen zu diesem Zeitpunkt schon, dass sie recht behalten wird. Trotzdem tun sich alle schwer damit, das zu akzeptieren. Wir basteln einen alternativen Sendeablauf, schauen noch ein wenig den TV-Kommentatoren zu, die größtenteils selbst nicht zu fassen scheinen, was da gerade geschieht. Dann mache ich mich auf den Weg nach Hause. Morgen wird ein langer Tag.

Auf dem Heimweg lasse ich bewusst das Radio aus, um kurz innerlich abzuschalten. Als ich nach Mitternacht die Haustür aufschließe, läuft natürlich der Fernseher. Die Babysitterin ruft mir zu, Trump liege jetzt in Pennsylvania ziemlich deutlich vorne. Beim Verabschieden sagt auch sie das Wort, das ich an diesem Abend wohl am häufigsten höre: »unbelievable« – »unglaublich«.

Natürlich kann ich nicht schlafen und sitze hellwach vor dem Bildschirm. Kurz vor halb zwei ist es so weit: Pennsylvania geht tatsächlich ebenfalls an Trump. In Deutschland wachen die Menschen gerade in dieser neuen Realität auf. Als eine halbe Stunde später Hillary Clintons Wahlkampfmanager John Podesta vor die verunsicherte Menge im Javits Center tritt, um die Party abzublasen und alle nach Hause zu schicken, gesteht er damit die Niederlage ein. Ich erreiche meine Frau nicht, kann mir aber vorstellen, wie ihr gerade zumute ist.

Gegen 2 Uhr 45 tritt Trump im New Yorker Hilton Midtown Hotel vor die siegestrunkene, euphorische Menge. *President-elect Donald Trump. President Donald J. Trump.* Er winkt seinen Anhängern zu. *»Sorry to keep you waiting. Complicated business.«* – »Tut mir leid, dass ich euch warten ließ. Komplizierte Sache.«

In der Tat. Wie, bitte schön, erkläre ich das morgen den Kindern?

# 1

# Der Schock

Um es gleich vorwegzunehmen: Natürlich habe auch ich zu keinem Zeitpunkt mit diesem Wahlausgang gerechnet. Auch kenne ich kaum jemanden persönlich, der ernsthaft daran geglaubt hätte, dass Donald J. Trump der 45. Präsident der USA würde.

Es begann an jenem 16. Juni 2015, als Trump die Rolltreppe ins golden-marmorne Foyer seines Turms in Manhattan hinunterkam, um dem Land und der Welt zu verkünden, dass er diesmal wirklich seinen Hut in den Ring werfen würde – in einer Art und Weise, die gleich den Ton setzte für alles, was folgen sollte. Damals saß ich gerade in meinem Washingtoner Büro und twitterte: »Auweia, jetzt wird's eng für Bush, Clinton & Co ...!« Ich könnte im Nachhinein natürlich behaupten, dass ich das ernst gemeint und in weiser und fachkundiger Voraussicht gewusst hätte, was da auf uns zukommen würde; dass ich tatsächlich ahnte, welch tosender, alle Konventionen sprengender Wahlkampf über die etablierten Kandidaten und die Politik der USA hereinbrechen würde. Aber das wäre schlicht *fake news*. Natürlich war mein Tweet ironisch gemeint.

Diesen ruppigen ersten Auftritt empfand ich als verblüffendes und zugleich faszinierendes Spektakel. Dass Donald Trump ein gigantisches Ego hat, wusste ich schon vorher, auch, dass er gerne im Rampenlicht steht. Aber das hier versprach, den schier endlosen Präsidentschaftswahlkampf, der uns die kommenden Monate tagtäglich beschäftigen würde, interessanter und – auf ganz eigene Weise – unterhaltsamer zu machen.

Zwar hat die US-Politik schon immer schrillere, exzentrischere Typen hervorgebracht als unsere deutsche. Das amerikanische Direktwahlsystem macht es möglich, dass auch Außenseiter in die Arena treten, ganz unabhängig von einem Parteiapparat. Und ich kann mir gut vorstellen, wie in Deutschland nicht wenige den Untergang des Abendlandes befürchteten, als mit Ronald Reagan ein ehemaliger Schauspieler Präsident wurde. Aber das hier würde eine ganz andere Show werden – in der Hauptrolle ein Reality-TV-Star, der als Geschäftsmann spektakuläre Pleiten und Erfolge hinter sich hatte. Meine journalistische Neugier jedenfalls war geweckt.

Einen ersten Eindruck davon, wie anders diese bevorstehende Show sein würde, bekamen meine Familie und ich nur wenige Wochen später. Wir waren zu einer Hochzeit in Cleveland eingeladen und fuhren mit dem Auto an einem Donnerstag im August 2015 von Washington an den Erie-See – dorthin also, wo am selben Abend die erste TV-Debatte des breiten Bewerberfeldes der Republikaner stattfinden würde. Da wir zu spät losgekommen waren, würden wir es nicht rechtzeitig bis Cleveland schaffen, um den Schlagabtausch live im TV sehen zu können. Glücklicherweise fanden wir an diesem Abend – sehr zum Leidwesen unserer Kinder – einen Radiosender, der die Veranstaltung übertrug. Während wir auf dem Highway durch die Dunkelheit fuhren, wurde das Wortgefecht zu einem ganz besonderen Erlebnis, weil uns kein Gesichtsausdruck, keine Geste der Kandidaten ablenkte. Es gab nur das gesprochene Wort und das Kino im Kopf.

Verglichen mit dem, was noch folgen sollte, war diese erste Debatte fast harmlos. Aber es ging gleich ungewohnt heftig zur

Sache, als Trump dem libertären Kandidaten Rand Paul mit seinen ersten Worten indirekt vorwarf, käuflich zu sein, und als er – anders als die anderen Kandidaten – das Versprechen verweigerte, keinesfalls als unabhängiger Kandidat weiterzumachen, sollte er die Nominierung durch die Republikanische Partei verpassen. Als 1992 der konservative Milliardär Ross Perot als Unabhängiger kandidierte und damit besonders George H. W. Bush Wählerstimmen abluchste, verhalf das Bill Clinton zum Sieg. Die Angst unter den Republikanern war gewaltig, dass dieser unberechenbare Außenseiter nun ausgerechnet die Clintons indirekt zurück ins Weiße Haus hieven könnte. Vor allem aber rasselte Trump mit Moderatorin Megyn Kelly zusammen, als diese ihm frühere Aussagen vorhielt, in denen er Frauen als »fette Schweine«, »Hündinnen«, »Schlampen« und »ekelhafte Tiere« bezeichnet hatte. Tags darauf würde er sich in einem Interview darüber beschweren, Kelly habe ihn mit »Blut in den Augen« angegriffen, Blut sei ihr überall, »wo auch immer«, herausgelaufen.

Mehrfach blickten meine Frau und ich uns während der Autofahrt mit diesem »Der hat doch nicht wirklich gerade ...«-Ausdruck an, der uns in den folgenden Monaten schon fast zu einer Gewohnheit werden sollte. Als wir in Cleveland ankamen, war die Debatte vorbei, die Stadt aber noch in hellem Aufruhr: überall Polizeisperren, Übertragungswagen, die Busse der Delegationen. In unserem Hotel in Downtown wimmelte es nur so von Mitarbeitern der Kandidaten, die angeregt um die Deutungshoheit über diese erste Runde rangen. Wir checkten ein und hörten ringsum Wortfetzen, die unseren Eindruck bestätigten: Das wird ein brutaler Wahlkampf. Noch fast anderthalb Jahre würde dieser irre Zirkus weitergehen ...

Ungewöhnliche Außenseiter sind, wie gesagt, grundsätzlich nichts Neues im amerikanischen Präsidentschaftswahlkampf.

Schauspieler, Pizza-Ketten-Inhaber, Chirurgen, alles schon da gewesen. Weil sie ins Auge stechen, erhalten diese Kandidaten zunächst eine Menge Aufmerksamkeit, die Presse stürzt sich auf sie, was sich wiederum in hohen Umfragewerten niederschlägt. Aber normalerweise verglühen diese exzentrischen Sterne am amerikanischen Polit-Himmel genauso schnell, wie sie aufgetaucht sind, und es setzen sich die Etablierten durch, die McCains, die Romneys, die Bushs. So meinten es die Experten auch diesmal vorauszusehen. Es kam bekanntlich anders.

Was seit Donald Trumps Wahlsieg in Washington, in der amerikanischen Politik, in der amerikanischen Gesellschaft passiert – oder vielmehr: offenbar wird –, sprengt alle Vorstellungskraft. Diese Präsidentschaft ist eine tief greifende, vielfältige Zäsur. Natürlich ist das keine neue Erkenntnis. Aber die Veränderung ist teilweise so weitreichend, dass die USA in kürzester Zeit ein noch fremderes Land geworden sind, als sie es für viele zuvor schon gewesen waren. Ein rätselhaftes, immer schwerer zu verstehendes Land, das nach diesem Präsidenten ein anderes sein wird. Ein Anderland.

So gesehen, müsste ich Donald Trump fast dankbar sein. Denn seine Wahl und seine Präsidentschaft haben den Titel meines ersten Buches *Fremdes Land Amerika* rückblickend noch zutreffender, noch aktueller erscheinen lassen. Dessen Grundthese – die ich hier aufgreifen werde – lautet ja, dass gerade wir Deutschen gerne einer Vertrautheitsillusion verfallen, wenn es um die USA geht. Wir meinen, die amerikanische Kultur und Gesellschaft zu kennen, weil wir in Urlauben, Filmen und zahlreichen persönlichen Berichten damit in Berührung gekommen sind. Tatsächlich aber sind die Amerikaner doch in vielem sehr anders. Und gerade, wenn man glaubt, zu wissen, wie jemand »tickt«, entsteht eine umso größere Enttäuschung über ein in unseren Augen »befremdliches« Verhalten des anderen. *Wie konnten die nur? Wie war das möglich?* Die Wahl von Donald Trump ist ein Paradebeispiel dafür.

Diese Fragen schallen auch innerhalb der USA durch die Gesellschaft, aber ich habe den Eindruck, dass in Deutschland besonders viele empört waren und diese Wahl fast schon als persönliche Beleidigung empfanden. Das mag nachvollziehbar sein. Aber Donald Trump ist nun einmal *ihr* Präsident, nicht *unserer.* Mein Ziel ist es, das Bewusstsein für diese Tatsache und für die Andersartigkeit Amerikas weiter zu schärfen, indem ich berichte, wie ich das Phänomen Trump erlebt habe und bis heute erlebe. Und vielleicht dabei zu helfen, dieses ein Stückchen besser zu begreifen.

Falls es tröstet: Auch vielen Amerikanern ist ihr Land fremder geworden, ich würde sogar sagen, einer Mehrheit von ihnen. Nur zur Erinnerung: Zwar holte Donald Trump in absoluten Zahlen mehr Stimmen als je ein republikanischer Kandidat vor ihm, aber am Ende hatte Hillary Clinton im *popular vote* dennoch fast drei Millionen Stimmen Vorsprung. Noch nie wurde jemand mit einem größeren Stimmenrückstand Präsident. Aber so ist nun einmal das Wahlsystem in den USA mit seinem *Winner-takes-all*-System, das kleinere Bundesstaaten vor der Übermacht größerer schützt – das muss man akzeptieren, und es war auch nicht das erste Mal, dass es diese Auswirkung hatte. Wäre es anders herum ausgegangen, hätten wir uns sicher nicht beschwert.

Doch welche Konsequenzen für die USA und die Welt hat die Präsidentschaft Trumps, hat diese Phase des (Um-)Bruchs? Was macht er mit dem Land? Und wie geht das Land damit um? Was passiert jenseits der schrillen Töne und seiner »Twitterhö«? Wie steht es um die amerikanische Gesellschaft, welcher Schaden entsteht dort gerade? Und welche Auswirkungen hat das auch auf uns? Müssen wir uns ernsthaft Sorgen machen oder dürfen wir ein wenig gelassener bleiben, statt beinahe täglich vor Aufregung zu hyperventilieren?

Manches halte ich in der Tat für nicht ganz so dramatisch, wie es auf den ersten Blick erscheinen mag. Andere Dinge liegen auch gar nicht an Trump selbst, er wirft nur das Schlaglicht auf ohnehin ablaufende Prozesse. Doch es gibt diese grundsätzlichen tektonischen Verschiebungen und gravierende, oft von Trump noch weiter geöffnete Risse in der Gesellschaft, die mich in vielerlei Hinsicht überrascht und verwundert haben. Vieles, was ich nicht für möglich gehalten habe, ist eingetreten.

Keine Frage, wir leben in bewegten Zeiten. Dass mich persönlich unter den jüngsten Weltereignissen aber nichts so beschäftigt hat wie die Entwicklungen in den USA, liegt auch an meinem Werdegang. Ich reise seit meiner Jugend regelmäßig in die Vereinigten Staaten, ich habe in dem Land studiert und durch meine amerikanische Frau nicht nur Freunde, sondern auch Familie dort. Doch selbst diesen privaten Bereich berührt die aktuelle Situation – mein Schwiegervater hat Donald Trump gewählt. Manches aus den langen Gesprächen über Politik, die ich mit ihm geführt habe, ist in dieses Buch eingeflossen.

Bevor ich auf all dies eingehe, möchte ich aber noch einmal zurückblicken und mich mit der Frage beschäftigen, mit der Hillary Clinton ihre Aufarbeitung des Geschehenen betitelte und die ihre ganze Fassungslosigkeit auf den Punkt bringt: *What happened?* – Wie konnte es dazu kommen? Dabei möchte ich nicht jede Wendung des Wahlkampfes noch einmal aufwärmen, denn das ist Schnee von gestern, auch wenn Trump selbst nicht müde wird, immer wieder jedem unter die Nase zu reiben, wer die Wahl gewonnen hat. Zugleich kann man sich kein Bild der aktuellen Lage in den USA machen und verstehen, was dort gerade passiert, ohne nachzuvollziehen, wie es zu diesem Ergebnis kommen konnte. Denn es gibt Gründe dafür sowie langfristige Entwicklungen und gewichtige Umstände dahinter, und vieles davon treibt den Präsidenten weiterhin an und sorgt dafür, dass sein Rückhalt an der Basis kaum schwindet. Zudem war einiges absehbar, wenn man es nur hätte sehen wollen. Denn wie impulsiv und widersprüchlich Trumps Äußerungen auch erscheinen und wie viele handwerkliche Fehler seine Politik auch prägen mögen, es wäre ein Trugschluss, bei ihm eine totale Konzeptlosigkeit anzunehmen. Eindeutig werden sein Denken und Handeln seit jeher von der Annahme gelenkt, dass Amerika vom Rest der Welt über den Tisch gezogen wird und nur eine Politik der unbeugsamen Stärke der amerikanischen Nation wieder den Respekt und die Größe verschafft, die es in seinen Augen (und denen seiner Anhänger) verdient: *America first!*

Was man nicht vergessen darf: Trumps Wahlsieg war eine Art Start-Ziel-Sieg. Fast von Anfang an dominierte er die Umfragen und setzte sich zunächst im eigenen Lager gegen ein breites Feld von sechzehn gestandenen und mehrheitlich erfahrenen Konkurrenten durch. Er muss also irgendetwas richtig gemacht haben. So sieht auch er es bis heute, weshalb er keine Anstalten macht, seinen Stil und seine Herangehensweise an die Dinge zu ändern. Und überhaupt – wie groß sind die Aussichten, dass ein über Siebzigjähriger sich noch groß ändert?

Sein Amt verdankt Trump keinem Putsch, keiner geschmierten Wahlkommission, keiner höheren Gewalt, sondern der Tatsache, dass er die richtigen Knöpfe drückte und eine einschlägige Botschaft hatte: *»Make America Great Again!«* Seine Wahl war kein Zufall, kein Unfall, kein Ausrutscher der Geschichte, sondern das legitime Ergebnis einer ganzen Reihe von Konstellationen, die zusammen den perfekten Sturm ergaben. Trump hat es geradezu virtuos und besser als alle anderen verstanden, diese Umstände sichtbar zu machen, sie zu nutzen und anzuheizen. Und sich dabei als Retter hinzustellen.

Dabei hat er auch ein gutes Gespür für Timing bewiesen. Schon in den Jahren zuvor hatte er wiederholt mit der Idee kokettiert, sich um die Präsidentschaft zu bewerben, zuletzt im Jahr 2012. Aber ich bin überzeugt, dass sein Wahlsieg vier Jahre zuvor noch nicht möglich gewesen wäre. Es brauchte diesen optimalen Moment, in dem seine vorwiegend weiße Wählerschaft auf dem Siedepunkt angelangt und so frustriert und kochend vor Wut auf die gesellschaftlichen Entwicklungen, auf die blockierte Politik in der Hauptstadt und auf die Grundausrichtung des Landes war, dass sie Trump tatsächlich zum Präsidenten machte.

Natürlich hatte er einen entscheidenden Startvorteil: seinen landesweit hohen Bekanntheitsgrad aufgrund seiner jahrelangen Präsenz in den Boulevard-Medien, vor allem aber dank der extrem erfolgreichen Reality-TV-Show *The Apprentice* (»Der Lehrling«). Darin bewarben sich zur besten Sendezeit im landesweiten NBC-Programm unterschiedlichste junge Nachwuchsmanager um einen Job in Trumps Konzern. Wer es nicht in die nächste Runde schaffte, den schmiss der Boss ebenso gnadenlos wie genüsslich mit seinem unter Fans zum Kult gewordenen Lieblingsspruch *»You're fired!«* – »Du bist gefeuert!« aus der Sendung. Das deutsche Pendant lief Ende 2004 auf RTL unter dem Titel *Big Boss*, mit dem ehemaligen Manager von Bayer 04 Leverkusen, Reiner Calmund, als Chef, den es zu überzeugen galt. Das Format wurde aber bei Weitem nicht so erfolgreich wie das amerikanische Original, weswegen es bei einer Staffel blieb. Bei nur einer Staffel sollte es zunächst auch für Trump in *The Apprentice* bleiben, da laut des ursprünglichen Konzepts in den späteren Staffeln andere prominente Topmanager auftreten sollten. Doch die Show war von Anfang an ein solch sensationeller Hit mit rund 20 Millionen Zuschauern, dass Trump fortan gesetzt war.[1]

Am Ende wurden es fünfzehn Staffeln. Erst Trumps Präsidentschaftskandidatur setzte dieser Karriere ein Ende – nach mehr als einem Jahrzehnt diente sie ihm als perfektes Sprungbrett in die Politik. Und wenn man sich den Verschleiß und das irre Tempo des Personalkarussells in seiner Regierungsmannschaft anschaut, scheint er diesen Reality-TV-Stil auch als Politiker weiterzuführen.

Trumps Fähigkeit, die Massen zu faszinieren und zu fesseln, hatte sich da schon längst gezeigt, nachweislich in Form der Zuschauerquoten, und nicht umsonst wird an einer New Yorker Schauspielschule die polternd-aufschneiderische »Methode Trump« unterrichtet. Gleichzeitig schulte die Show den Exzentriker ungemein im Umgang mit den Medien; er sah minutengenau an den Verläufen der TV-Quote, was funktionierte, konnte testen, welches Gehabe, welche kontroversen Aussagen Aufmerksamkeit und letztlich Erfolg brachten.

Im Land der zweiten Chance, wo Pleiten und Bankrotte – anders als zumeist bei uns – nicht einfach als Versagen und Makel gesehen werden, sondern auch als Zeichen mutigen Unternehmertums, konnte Trump mit seinem TV-Erfolg auch seine katastrophalen Konkurse, verursacht durch Ausflüge ins Casino-Geschäft Anfang der Neunzigerjahre, gut übertünchen. Anderthalb Jahrzehnte lang konnte er sich der Nation als starker Macher präsentieren, als einer, der mit autoritärer Hand die Dinge regelt, und so die Gleichung »Trump = Erfolg« in Millionen von Wohnzimmern hämmern. »Ich glaube, das hat sich eingeprägt, sodass viele ihm etwas zutrauten«, sagt seine Biografin Gwenda Blair, »im Zusammenhang mit dem gleichzeitig aufkommenden Phänomen des Reality-TV, durch das es akzeptabel wurde, dass etwas nicht ganz auf der Wahrheitslinie lag. Das legitimierte eine Art Beinahewahrheit und verschob unsere Vorstellung davon, was eine akzeptable Version der Realität ist.«[2] Trumps heutiges Verhältnis zur Realität ist wohl auch darauf zurückzuführen.

Natürlich versäumte er es dann auch nicht, seinen Nachfolger bei *The Apprentice*, Arnold Schwarzenegger, in der ihm eigenen Art öffentlich zu verhöhnen, als die Quoten der Sendung deutlich absackten. Übrigens liegt hier eines der typischen Merkmale dieses Prahlhans-Präsidenten: das mantraartige Wiederholen von eigenen Erfolgen, ob tatsächlichen oder eingebildeten, bei gleichzeitiger Erhöhung des eigenen Egos durch Erniedrigung des oder der anderen. Die größte Menschenmenge bei der Amtseinführung, der hellste Verstand, die tollste Familie – alles ist immer *bigger, better, stronger*. Statt »*America first!*« müsste es eigentlich »*Trump first!*« heißen. Ich will das küchenpsychologisch gar nicht allzu tief interpretieren. Aber ob dies nun einem ausgeprägten Narzissmus entspringt oder einem traumatisch grundierten Bedürfnis, es denen zu zeigen, die sich immer lustig über den ordinären Emporkömmling gemacht haben – es geht jedenfalls immer um eins: ums Gewinnen, egal wie, egal was.

Was mitunter zu bizarren Situationen führt. Als Trump ein Dreivierteljahr nach der Wahl eine Rede vor Zehntausenden Pfadfindern hielt, begann er damit, er sei nicht gekommen, um vor den Jugendlichen über Politik zu reden – nur, um dann *fast ausschließlich* über Politik und darüber zu reden, wie eindeutig doch sein Wahlsieg über Hillary Clinton gewesen sei. Nach einem Dreivierteljahr! Es hagelte wütende Protestbriefe von verstörten Eltern.

Trumps Biograf Michael D'Antonio berichtet, wie dessen Vater ihm schon als Kind eingeimpft habe, er sei »ein Löwe und ein König«, und damit meinte: »Du bist besser als alle anderen und rücksichtslos. Die Botschaft lautete: Die Trumps gewinnen. Immer. Für Trump ist das Leben ein einziger Konkurrenzkampf. Aber es reicht ihm nicht, nur zu gewinnen, er muss dich dabei in den Boden stampfen und zerstören. Und er ist nachtragend.«[3] Letzteres bekommt, meist via Twitter, jeder zu spüren, der sich ihm öffentlich in den Weg stellt, was oft geradezu groteske Züge annimmt. Als die mehrfache Oscar-Preisträgerin Meryl Streep ihn beispielsweise während einer Dankesrede indirekt kritisierte, schoss Trump zurück, sie sei »eine der am meisten überschätzten Schauspielerinnen in Hollywood«.

Aber offensichtlich will oder kann er nicht anders, als unbeirrbar immer gleich auf Angriff als die beste Verteidigung zu schalten. Im rauen New Yorker Bau- und Immobiliengeschäft mag das der gängige Ton sein; in der Politik aber macht es meiner Meinung nach nicht nur ihn, sondern auch das Amt des US-Präsidenten sehr klein. Einer der Gewinner von *The Apprentice*, Randall Pinkett, der ihn damals näher kennenlernte, sagt: »Ich glaube, Donald ist ein sehr unsicherer Mann. Warum sonst hätte er, bei all seinen Errungenschaften, seinem Erfolg, Ruhm und Reichtum, dieses Bedürfnis, härter zurückzuschlagen, als er selbst angegriffen wurde, und das in einer abfälligen, erniedrigenden Art und Weise?«[4]

Die Journalistin Katy Tur, die für den Sender NBC die Trump-Kampagne hautnah miterlebte, folgert in *Unbelievable*, ihrem Buch über diese Zeit, dass es ihm vor allem ums Image gehe: »Trump kann es einfach nicht ertragen, schwach zu wirken. Sein Angebot an die Amerikaner lautet ›Stärke und Durchhaltevermögen‹. Er ist der Außenseiter, der bereit ist zu sagen, was andere nicht sagen, zu tun, was andere nicht wagen, zu kämpfen, für dich. Er ist ein Mann, der sich partout nicht einschüchtern lassen will. Weil er von altmodisch roher Macht besessen ist, fasziniert ihn jemand wie Wladimir Putin, der auf Pferden ohne Sattel und mit freiem Oberkörper reitet.«[5] Wegen dieser Obsession hat er wohl auch so viele Generäle in seinem Kabinett.

Den Ursprung der Überzeugung, dass seine Familie etwas Besonderes und zu Höherem bestimmt sei, habe ihm einmal Trumps Sohn Donald Jr. dargelegt, so D'Antonio: »Sie glauben an Züchtung. Wie bei Rennpferden. Du bekommst die besten Menschen, wenn du die beste Frau und den besten Mann zusammenbringst. Und er ist davon überzeugt, in allem der Beste zu sein. Weshalb er, quasi per Definition, auch glaubt, der beste Präsident zu sein. Da steckt keine Substanz dahinter, nur: Vertraut mir einfach, ich mache Amerika wieder groß! Das ist alles.«[6]

Trumps Bekanntheitsgrad war in Amerikas *celebrity culture* ein nicht zu unterschätzendes Kapital. Selbst der wohl bekannteste »normale« Bewerber aufseiten der Republikaner, der ehemalige Gouverneur von Florida und Sohn beziehungsweise Bruder ehemaliger US-Präsidenten, Jeb Bush, war in der breiten Öffentlichkeit nicht so bekannt wie Trump. Mit dem Einstieg in den Kampf ums höchste Amt des Landes erreichte dessen Popularität zudem eine neue Stufe. Gerade in den ersten Wochen strahlten die amerikanischen Nachrichtensender Trumps Wahlkampfauftritte fast ungeschnitten und kaum kritisch hinterfragt oder journalistisch eingeordnet aus. Es war zunächst wohl eine halb amüsierte, halb verblüffte Betrachtung dieses unkonventionellen Quereinsteigers, dem die Produzenten so viel Sendezeit einräumten, der ihnen dann aber auch unfassbare Quoten bescherte. Jene erste TV-Debatte unter den Republikanern in Cleveland durchbrach gleich alle Rekorde und war mit 24 Millionen Zuschauern nicht nur die meistgesehene Vorwahldebatte aller Zeiten, sondern gleichzeitig auch die meistgesehene Übertragung außerhalb des Sports in der Geschichte des amerikanischen Kabelfernsehens.[7] Die Nachrichtensender Fox News und MSNBC hatten im dritten Quartal 2016, der heißen Phase des Wahlkampfs, das beste Quartal ihrer Geschichte. Das von CNN war so gut wie seit acht Jahren nicht mehr.[8] Politische Berichterstattung schlug in Sachen Quote auf einmal sogar Spiele der populären American-Football-Liga NFL!

Zum Teil verstand ich die Zuschauer – war ich doch, wie erwähnt, selbst in gewisser Weise fasziniert von Trumps Darbietungen. Diese waren durchaus unterhaltsam, vor allem immer unvorhersehbar, denn man wusste nie, welchen Hammer Trump als Nächstes bringen würde. Wen würde er diesmal beleidigen, welche Entgleisung sich diesmal leisten? Es war ein bisschen wie bei einem Autounfall: Man wollte nicht hinschauen, konnte den Blick aber nicht abwenden. Und wir im ARD-Studio intensivierten unsere Berichterstattung, weil die Neugier auf diesen außergewöhnlichen Kandidaten selbstverständlich auch in Deutschland wuchs. Allerdings führte dieses Verhalten den hauptsächlich kommerziellen Journalismus der USA, wo es kein starkes, finanziell von Quoten unabhängiges öffentlich-rechtliches Fernsehen gibt, geradewegs auf den Gipfel des Zynismus. Der Chef des Senders CBS, Les Moonves, stellte lapidar fest: »Trump mag nicht gut für Amerika sein, aber er ist verdammt gut für CBS.«

Trump wusste sehr wohl, dass er ein Zugpferd war. Er scherzte, die Sender sollten ihn an den Gewinnen beteiligen, die sie dank seiner quotensteigernden Auftritte einstrichen. Tatsache ist aber auch, dass beide Seiten etwas davon hatten. Trumps »Lohn«: Er brauchte kaum teure Wahlwerbespots zu schalten, da er sowieso permanent auf Sendung war. Diese kostenfreie Werbung soll am Ende Fernsehspots im Wert von aberwitzigen fünf Milliarden Dollar entsprochen haben.[9] Zum Vergleich: Hillary Clinton kam auf knapp dreieinhalb Milliarden Dollar.

Es war ein sich selbst befeuernder Kreislauf: Je länger die Sender Trump ins Programm nahmen – auch, weil er bald in den Umfragen vorne lag –, desto gefestigter wurde seine Spitzenposition unter den republikanischen Kandidaten. Ab einem gewissen Punkt wollen in Wahlkämpfen viele Bürger ihre Stimme nicht »verschenkt« sehen und folgen der Herde zu den aussichtsreichsten Kandidaten. Selbst Kontroversen wie jene um den *Access-Hollywood*-Mitschnitt, in dem man Trump sich rühmen hört, er greife als Star Frauen einfach in den Schritt, wenn er wolle, schadeten ihm nicht. Offenbar galt für Trump die Logik, wonach es schlechte PR nicht gibt – Hauptsache, man bleibt im Gespräch.

Selbst wenn die Aufmerksamkeit gerade anderswo lag, schaffte er es immer wieder, diese auf sich zu ziehen. Das beste Beispiel bot der Nominierungsparteitag der Demokraten in Philadelphia. Eigentlich spielt die Musik während dieser Krönungsmessen bei den Kandidaten und ihrer Partei. Für ein paar Tage gibt es in den Medien kein anderes Thema. Und so wollten sich auch Hillary Clinton und ihr Team in Philadelphia, im wichtigen Staat Pennsylvania, den nötigen Schwung für den Endspurt holen. Doch dies gelang nur teilweise, weil am Ende vor allem ein indirekter Schlagabtausch zwischen Trump und den pakistanisch-amerikanischen Eltern eines im Irakkrieg gefallenen US-Soldaten die Schlagzeilen dominierte. Der Vater, Khizr Khan, hatte auf dem Parteitag Trumps geplanten Einwanderungsstopp für Muslime scharf kritisiert und ihm dabei vorgeworfen, er habe »nichts für sein Land geopfert«. Trump konterte, er habe sehr wohl viel für das Land getan, indem er »Tausende von Jobs geschaffen« habe. Außerdem habe die Mutter des Gefallenen nur stumm neben ihrem Mann auf der Bühne gestanden: »Vielleicht war es ihr ja gar nicht erlaubt, etwas zu sagen.«

Diese islamophobe Anspielung auf vermeintliche Geschlechterrollen unter Muslimen war ein klassisches Ablenkungsmanöver à la Trump. In den USA gibt es für diese Technik, eine Anschuldigung mit einer Gegenfrage oder mit der Ablenkung auf ein anderes Thema zu kontern, eine Bezeichnung: *Whataboutism*, in etwa zu übersetzen mit »Ja, aber was ist mit ...?«. Das ist nun wahrlich keine Trump'sche Erfindung, schon die Sowjets reagierten so auf westliche Kritik. Doch bei ihm ist diese Taktik fast täglich auf Twitter zu beobachten. Das mag man für unreif halten – auch meine Kinder nutzen sie gerne –, aber sie ist effektiv. Während die Öffentlichkeit tagelang die von Trump losgelassene Sau durchs Dorf jagte, ging viel Aufmerksamkeit für Hillary Clintons Botschaft verloren.

Trump sah, dass seine Masche funktionierte und er die Themen diktieren konnte. Die Republikaner hatten aus der Wahlschlappe 2012 einen berechtigten Schluss gezogen: Aufgrund der demografischen Tatsache, dass die nichtweißen Minderheiten einen schnell wachsenden Anteil der US-Bevölkerung ausmachen, wollten sie die Partei eigentlich künftig für solche Wähler weiter öffnen. So strebten sie gemeinsam mit den Demokraten eine Einwanderungsreform an, die unter anderem auf eine Art Amnestie für die mehr als elf Millionen Einwanderer ohne Aufenthaltstitel im Land hinauslief. Doch erzkonservative Radio-Talkshows und Webseiten wie Breitbart News liefen Sturm gegen das Vorhaben und fanden ein Echo. Die Reform scheiterte.

Das fiel Trump auf, und so probierte er es seinerseits mit solchen Tönen. Vielleicht lag ihm an der Thematik Einwanderung persönlich gar nicht viel, aber pragmatisch, wie er ist, schaut er immer auf das, was wirkt. Ideologie interessiert ihn dann kein bisschen. Wenn es ihm morgen nützen würde, Hillary Clinton zu preisen (die übrigens zu seiner dritten Hochzeit eingeladen war), würde er wohl selbst das tun. Trump sah also, welch frenetischen Jubel er bekam, wenn er in einer Rede das Konzept einer Mauer – *seiner* Mauer – an der Grenze zu Mexiko ansprach und sich minutenlang in ohrenbetäubenden *»Build the Wall«*-Sprechchören (»Bau die Mauer!«) sonnte. Er sah, wie viel positive Resonanz er von den zig Millionen Followern auf seine Twitter-Gewitter bekam, wenn er dort in die populistische Kerbe schlug mit den Themen, die den Menschen am meisten unter den Nägeln brannten: die wirtschaftliche Lage, unkontrollierte Einwanderung, islamistischer Terrorismus. Tatsächlich ist er wohl der erste Populist, der keine aufwendigen Umfragen zur Orientierung braucht, weil er mit Twitter ein Instrument zur unmittelbaren Auswertung seiner Testballons zur Hand hat. Hunderttausende Likes auf einmal können einen leicht davon überzeugen, richtig zu liegen, egal was die Allgemeinheit sagt.

So kaperte Trump die Republikanische Partei, eine Art feindliche Übernahme. Er vertrat die Ausrichtung auf eine Wählerschicht, überwiegend weiß, ländlich, Arbeiterklasse, und eine Message, welche die Grand Old Party (GOP) längst nicht in dieser Ausschließlichkeit angepeilt hatte und gegen die sich die etablierten Kandidaten folglich wehrten – letztlich erfolglos.

Denn Trumps kompromisslose Botschaft fiel auf fruchtbaren Boden. *»Make America Great Again«* war ein simpler Slogan und zielte direkt aufs Bauchgefühl einer breiten, extrem wütenden, in erster Linie weißen Wählerschaft. Diese Wut hatte ihren Siedepunkt erreicht und entsprang der – gefühlten oder tatsächlichen – Aushöhlung des amerikanischen Traums, des Versprechens, dass du, wenn du dich anstrengst, ein besseres Leben für dich und deine Kinder erreichen kannst. Das aber gilt für viele Amerikaner nicht mehr. Nicht nur, dass die guten Fabrikjobs in einer immer stärker automatisierten und globalisierten Arbeitswelt nicht mehr so breit gestreut sind wie einst, sondern es kommen auch viele, die einen Job haben, kaum noch über die Runden. Der Grund: Die mittleren Löhne stagnieren seit Jahrzehnten, unter anderem wegen des Bedeutungsverlusts der Gewerkschaften in den USA. Im Verhältnis zu den gestiegenen Lebenshaltungskosten sind viele Einkommen sogar gesunken. Das Economic Policy Institute hat ausgerechnet, dass ein Arbeiter 1972 im Schnitt einen Wochenlohn von 738,86 Dollar nach Hause brachte. Im Wahljahr 2016 waren es demzufolge nur noch 723,67 Dollar.[10] Das entspricht einer Lohnkürzung von 2 Prozent. Kein Wunder, dass Amerikas Arbeiter wütend sind.

Wenn dann einer kommt, der sagt *Wir gewinnen nicht mehr!*, geschickt Salz in diese Wunde streut und verspricht, sich schnell, konsequent und unbürokratisch darum zu kümmern, findet er ein offenes Ohr, vor allem, wenn er sich in Umkehrung der Parteilinie gegen Globalisierung und freien Handel positioniert, Schutzwälle und -zölle einführen will und die Schuldigen nicht daheim, sondern bequemerweise im Ausland ausmacht, etwa in Mexiko, China oder Deutschland. »Der Drang, etwas an der Lage ihrer Familien zu ändern, war bei vielen Wählern größer als der Unmut über die Dinge, die Trump gesagt oder getan hat, sonst hätten sie ihm nicht ihre Stimme gegeben«, sagt mein Schwiegervater.

Dabei steht das Land paradoxerweise auf dem Papier gut da: Die Arbeitslosenzahlen sind auf einem Rekordtief, die Wirtschaft brummt, die Börsendaten bewegen sich auf ungeahnten Höhen. Die Aktionäre haben ihre Schäfchen nach der dramatischen Finanzkrise 2007/08 wieder ins Trockene geholt. Und doch spüren auch ein Jahrzehnt später viele Menschen, die nichts für diese Krise konnten, deren Auswirkungen. Zum Beispiel daran, dass sie nur noch online einkaufen können, da die Geschäfte in ihrer Kleinstadt pleite und verrammelt sind; dass sie ihre Miete kaum noch bezahlen können; dass sie wegen der explodierenden Studiengebühren ihre Kinder nicht mehr aufs College schicken können. Und wem es noch einigermaßen gut geht, hat Angst, dass es ihn oder sie auch bald treffen könnte.

Hinzu kommt, dass die wirtschaftliche Lage keineswegs die einzige Motivation der Trump-Wähler war. Er hat Frauen und Männer in allen sozialen Schichten angesprochen, unabhängig von Einkommen oder Bildungsgrad. Tatsächlich spielten auch sozialkritische Aspekte eine enorme Rolle. Es war eine Auflehnung gegen die tiefgreifenden kulturellen Veränderungen, die sich während der Ära Obama vollzogen. Diese Menschen haben es satt, in einem Land zu leben, wo Weiße bald nicht mehr die unangefochtene Mehrheit darstellen, wo die Ehe nicht mehr nur zwischen Mann und Frau gilt, wo Marihuana in immer mehr Staaten legalisiert wird, wo die grüne Revolution in Zeiten eines »angeblichen« Klimawandels verächtlich auf old industry jobs hinabschaut und der staatlich geförderte Boom der erneuerbaren Energien auf Kosten dieser Jobs geht. Es sind Menschen, die wütend werden, wenn sie auf einer Telefon-Hotline die Eins für Englisch oder die Zwei für Spanisch drücken sollen, um dann bei einem desinteressierten Call-Center-Angestellten in Bangalore zu landen. Menschen, die sich in ihrer religiösen Freiheit eingeengt sehen, weil es in der liberal-progressiven Öffentlichkeit verpönt scheint, jemandem »Frohe Weihnachten« statt »Frohe Feiertage« zu wünschen. Menschen, die nicht begreifen können, warum man sich nicht über sie, sondern lieber über Minderheiten Gedanken macht und darüber, ob LGBT-Amerikaner in öffentlichen Toiletten durch die Tür ihres biologischen oder ihres gefühlten Geschlechts gehen sollten.

Menschen, die Angst haben, ihren Job zu verlieren, wenn sie in diesen politisch korrekten Zeiten einen Witz riskieren, und sich nicht Rassismus vorwerfen lassen wollen, wenn sie das pflegen, was sie Traditionen nennen. Menschen, die sich Sorgen um ihre Sicherheit machen, wenn Einwanderer weiter illegal aus dem Süden über die Grenze kommen. Und die sich vor allem nicht repräsentiert und ernst genommen fühlen mit all ihren Sorgen – nicht von den sogenannten Mainstream-Medien und schon gar nicht von den Politikern, die sie jahrelang vergeblich in der Hoffnung nach Washington schickten, dass sie etwas für sie tun würden. Menschen, die sich fühlen, als brüllten sie aus Leibeskräften in einem Raum voller Leute mit Ohrenstöpseln.[11] Folgerichtig werden Trumps Wähler in den USA auch »Can-you-hear-me-now-voters« genannt – »Könnt-ihr-mich-endlich-hören-Wähler«.

Denn plötzlich gibt es da einen, der sie nicht nur hört, sondern zu ihrem Sprachrohr, ihrem Lautsprecher wird und ihre Botschaft verbreitet, denn auf ihn schauen und hören jetzt alle. Mag er dabei noch so ruppig, verletzend oder beleidigend sein – Hauptsache, ihre Nöte kommen endlich einmal auf den Tisch. In Trump sahen sie so etwas wie ihre letzte Chance, nach dem Motto: »Was haben wir denn noch zu verlieren?« Die Politiker, die sie bis dahin gewählt hatten – wenn sie denn überhaupt zur Wahl gegangen waren –, hatten nicht geliefert. Das Establishment in Washington hatte in ihren Augen auf ganzer Linie versagt. An wen wenden sich diese Wähler dann in ihrer ohnmächtigen Wut und ihrem »Was ist mit uns?«-Gefühl? An den größtmöglichen Anti-Establishment-Kandidaten (zumindest gelang es Trump, sich als solchen darzustellen).

Weshalb es Trump auch alles andere als geschadet hat, dass die Partei-Granden der Republikaner, von den Bushs bis zu Mitt Romney oder John McCain, vernichtend über ihn herzogen und ihn verurteilten. Im Gegenteil, das stärkte nur seinen Bonus als Außenseiter, der das in den Augen seiner Fans korrupte, unfähige System Washington aufmischt und diesen Establishment-Sumpf trockenlegt. Ein amerikanischer Kollege formulierte einmal: »Wer ein Haus abfackeln will, engagiert einen Brandstifter.« Das war und ist Donald Trump. Eine dramatischere Verkörperung des Protests gegen zu viele zu schnelle Veränderungen lässt sich kaum vorstellen.

Trumps Slogan »*Make America Great Again*« traf einen höchst empfindlichen Nerv. Er hätte schließlich auch, den Blick nach vorne gerichtet, sagen können »*Make America Greater*« – »Lasst es uns besser machen«. Stattdessen kopierte er mit »*wieder* groß machen« nicht nur ein altes Versprechen der republikanischen Ikone Ronald Reagan, sondern appellierte auch an die Sehnsucht nach der »guten alten Zeit«. Tatsächlich sagte auf einer Trump-Versammlung eine ältere Dame unserem Kamerateam voller Nostalgie ins Mikrofon: »Ich möchte, dass Amerika wieder ein sicherer Ort wird, wie es das in den Fünfziger- und Sechzigerjahren war.« – Nun, für Weiße vielleicht ...

Unterstützend für Trumps Wahlkampf wirkte zudem eine allgemeine Polarisierung der amerikanischen Politik, die sich im Laufe der letzten Jahre weiter verstärkte. Das gilt besonders für die Republikaner beziehungsweise deren unerbittliche Ultras in der Tea-Party-Bewegung und der sogenannten Alt-Right, der Alternativen Rechten (wohl keine zufällige Parallele zur *Alternative für Deutschland* bei uns). Für diese Kräfte ist »Kompromiss« ein Schimpfwort, ein Zeichen von Prinzipienlosigkeit und Schwäche. Die republikanische Führung nahm diese Haltung billigend in Kauf, weil sie gegen Obamas Demokraten Wahlsiege versprach und auch brachte. Doch den Wind, den die Republikaner jahrelang gegen Obama gesät hatten, ernteten sie als Sturm mit Trumps Wahlsieg. Dass dieser Sturm nicht immer in ihrem Sinne weht, erlebt die Republikanische Partei derzeit auf vielen Ebenen. Und mit ihr der Rest der Welt.

Aber hätte all das gereicht, um diesen unwahrscheinlichen Wahlausgang möglich zu machen? Trotz allen Verständnisses für die Umstände, für die Wut und den Frust vieler Wähler frage ich mich bis heute, wie man ernsthaft für jemanden stimmen kann, der in seinem Narzissmus weder Freund noch Feind zu kennen scheint, der vulgär ist, kleingeistig und unberechenbar, der Frauen beleidigt, Kriegshelden verunglimpft, Menschen mit Behinderungen nachäfft, die Pressefreiheit infrage stellt und die unabhängige Justiz genauso wie die Sicherheitsbehörden des Landes attackiert, der die Gewaltenteilung und den Rechtsstaat unterläuft, der Folter propagiert und dem jedes Mittel recht zu sein scheint – und sei es, dass er bei einer TV-Debatte live und zur besten Sendezeit die Fähigkeiten seines Geschlechtsteils preist! Es bleibt einfach unfassbar. Bei Silvio Berlusconi war es mir zwar ähnlich gegangen, aber wenigstens hatte dieser keine Atomwaffen im Arsenal.

Also, zum einen sprach die politische Konjunktur ohnehin für den *republikanischen* Kandidaten. Politik folgt im binären System der USA meist einer Pendelbewegung: Auf jeden Ausschlag in die eine Richtung folgt früher oder später der Schwung zurück in die andere. Der Wunsch nach Wechsel kommt desto stärker zum Tragen, je länger ein Präsident regiert. Es ist für eine Partei daher extrem schwierig, nach zwei vollen Amtszeiten im Weißen Haus (und mehr sind einem Präsidenten nicht erlaubt) eine dritte zu erringen. Zuletzt ist das den Republikanern mit George H. W. Bush gelungen, nach acht Jahren Ronald Reagan und dann auch nur für *eine* weitere Amtszeit. Die Demokraten schafften es zuletzt mit Harry S. Truman, der dem im Amt verstorbenen Franklin D. Roosevelt nachgefolgt war. Aber da hatten die Amerikaner gerade unter demokratischer Führung den Zweiten Weltkrieg gewonnen. Ein solcher Amtsbonus hält eine Weile.

Zum anderen mag es zwar zutreffen, dass die eher demokratisch wählende Koalition der Minderheiten von Jahr zu Jahr wächst und der Anteil der weißen, zuletzt eher republikanisch orientierten Wähler sinkt. Aber das spiegelt sich im amerikanischen Wahlsystem nicht unbedingt wider. Es spielt für einen Präsidentschaftskandidaten keine Rolle, ob er beispielsweise das bevölkerungsreiche Kalifornien nur knapp oder mit haushoher Mehrheit gewinnt – am Ende gibt es von dort immer nur 55 Wahlmännerstimmen. Und in der Fläche sind die Weißen in den USA nach wie vor präsenter. Trump hatte also eine breiter verteilte Basis als Clinton, deren politische *hotspots* an den Küsten und in den Metropolen konzentriert waren.

Auch will ich nicht ausschließen, dass ein gewisser Rassismus in Verbindung mit Sexismus eine Rolle spielte. Nach acht Jahren mit dem ersten schwarzen Präsidenten gab es sicherlich viele Wähler, die keine Fortsetzung seiner Politik sehen wollten, schon gar nicht durch eine Frau. Oder präziser: schon gar nicht durch *diese* Frau!

Womit ich beim wohl wichtigsten Grund für Donald Trumps Wahlsieg angelangt bin: Hillary Clinton. Ich zitiere zu diesem Aspekt immer gerne einen Witz, den sich Wanderer in Alaska erzählen. Wenn du einem Grizzly über den Weg läufst, ist es für dein Überleben nicht entscheidend, ob du schneller rennen kannst als der Bär – entscheidend ist, ob du schneller rennen kannst als dein Mitwanderer. Anders gesagt: Du musst nicht der ideale Kandidat sein, du musst lediglich in den Augen der Wählerinnen und Wähler der etwas weniger schlechte Kandidat sein. Das reicht in diesem System mit finalem Zweikampf, in dem – wie in einem Pokalfinale – dann alles möglich ist. Einer wird gewinnen, Koalitionsverhandlungen sind nicht vorgesehen. Mein spöttischer Tweet zum Wahlkampfauftakt mag ironisch gewesen sein, aber zu meiner Ehrenrettung möchte ich anmerken, dass ich es in dem Moment, als das scheinbar Unmögliche eintrat und Trump der Kandidat der Republikaner wurde, zumindest nicht mehr für ausgeschlossen hielt, dass er auch Präsident werden könnte. Auch wenn ich bis zuletzt nicht damit gerechnet habe.

Die Präsidentschaftswahl 2016 war für die Amerikaner tatsächlich die sprichwörtliche Wahl zwischen Pest und Cholera. Noch nie standen sich zwei Kandidaten gegenüber, die so unbeliebt waren.[12] Mit Rekordabstand zu allen früheren Kandidaten befanden sie sich gemeinsam an der Spitze dieser Negativliste, was eine absurde Situation nach sich zog. Statt um die Gunst der Wähler buhlten sie darum, wer nur einen entscheidenden Tick weniger unbeliebt war. Vielen waren Trump und Clinton so zuwider, dass sie gar nicht erst zur Wahl gingen oder aber die alternativen Kandidaten der kleinen Parteien wählten, die daher ungewöhnlich viele Stimmen bekamen. Jill Stein von den Grünen und Gary Johnson von den Libertären verdreifachten ihren Stimmenanteil gegenüber 2012, wenn auch nur auf unbedeutende 1,06 beziehungsweise 3,27 Prozent.[13]

Auch mein Schwiegervater, der Donald Trump nicht mag und für einen eingebildeten Angeber hält, mit dem er niemals befreundet sein möchte, war ein typischer »ABC«-Wähler (»anything but Clinton« – alles außer Clinton). Sein Standpunkt: Ehe ich Clinton wähle, die dazu auch noch Obamas Kurs fortsetzen würde, bevorzuge ich Trump mit seinen (vermeintlichen) Dealmaker-Qualitäten. Schlimmer kann es nicht werden – was haben wir zu verlieren?

Es ist aus deutscher Sicht oft schwer nachzuvollziehen, warum Hillary Clinton besonders in konservativen Kreisen solch eine Hassfigur ist. Die herzliche Abneigung rührt nicht nur daher, wie sie als Außenministerin mit dem Angriff auf das US-Konsulat im libyschen Bengasi umging, bei dem vier Amerikaner starben. Für viele verkörpert die ehemalige First Lady, Senatorin und Chefdiplomatin schlicht auch das verhasste politische Establishment. Jahrzehntelang spielte sie in Washington eine wichtige Rolle und steht so stellvertretend für den »Hauptstadtsumpf«, für ein System, das nach Auffassung vieler nur sich selbst dient. Einen krasseren Antipoden als Trump, der noch nie zuvor irgendein politisches Amt innehatte und deshalb als unabhängig von Interessenverbänden und Lobbygruppen angesehen wurde, konnte es kaum geben.

Dabei bezweifelten selbst Clintons Feinde nicht, dass sie die meiste Erfahrung und die beste Qualifikation mitbrachte, die vielleicht jemals ein Kandidat oder eine Kandidatin vorweisen konnte. Aber darum ging es nicht. Viele Wähler hatten den Eindruck, Clinton habe eine gewisse Anspruchshaltung, wonach sie nun einfach an der Reihe sei. Das war wohl tatsächlich ein Manko: Sie mag viele kluge und durchdachte Ideen für ihre Politik als Präsidentin gehabt haben, doch anders als Trump mit seinem selbsterklärenden *Make America Great Again*« konnte sie nicht überzeugend rüberbringen, warum sie das Amt unbedingt wollte, außer aus dem Grund, als dessen erste weibliche Trägerin in die Geschichte einzugehen. Und sie zu wählen, nur weil sie eine Frau war – den meisten, die ich darauf ansprach, genügte das nicht.

Dennoch hat mich überrascht, wie viele Frauen Trump ihre Stimme gaben. Von den weißen Wählerinnen waren es mit 53 Prozent sogar mehr als die Hälfte – allen sexistischen Sprüchen und Vorwürfen wegen sexueller Übergriffe zum Trotz. Die großartige, tragischerweise viel zu früh durch ein Unglück verstorbene Politikwissenschaftlerin Sylke Tempel hat es mir auf einer gemeinsamen Veranstaltung einmal halb scherzend, halb ernsthaft mit diesem Begriff erklärt: »Stockholm-Syndrom«. Nun, die Sympathie von Geiseln für ihre Bewacher mag ein charmanter Gedanke sein, aber letztlich glaube ich eher, dass die Wut auch weißer Wählerinnen offenbar groß genug war, um alles andere in Kauf zu nehmen.

Gleichzeitig war der Enthusiasmus und Rückhalt für Clinton auch in den eigenen Reihen nicht gerade berauschend. Die Tatsache, dass sie sich in den Vorwahlen der Demokraten nur mit Müh und Not (und tatkräftiger Unterstützung der Parteiführung, was zu weiterer Ablehnung führte) gegen Bernie Sanders durchsetzen konnte, einen selbst ernannten Sozialisten (in den USA!), spricht Bände. Zwar lag Clinton dann gegen Trump bei den Minderheiten vorne, die ja meist demokratisch wählen, aber eben nicht in dem Maße wie zuvor Obama gegen Romney. Und so konnte Trump es sich leisten, nicht nur insgesamt weniger Prozente zu holen als der republikanische Kandidat vier Jahre zuvor – statt auf Romneys 47,15 Prozent kam er auf 45,95 Prozent –, sondern auch leicht geringere Anteile der *weißen* Stimmen als 2012![14] So viel zu der Behauptung, Trump sei einzig auf einer Welle des weißen Rassismus ins Weiße Haus geritten – in Wahrheit verdankte er seinen Sieg weniger seiner Stärke, sondern vielmehr Clintons Schwäche.

Ein weiteres Handicap der Demokraten in den Wahlen von 2016: Die Republikaner erhielten ganz offensichtlich Social-Media-Schützenhilfe von russischer Seite. Beispielsweise identifizierte der Kurznachrichtenanbieter Twitter fast viertausend Troll-Profile mit Verbindungen nach Russland, die Stimmung gegen Clinton machten.[15] Auch von anderswoher kam Online-Hilfe. Die Berater-Firma Cambridge Analytica soll durch den Missbrauch unrechtmäßig erworbener Daten von mindestens 87 Millionen Facebook-Nutzern den Wahlkampf zugunsten des Trump-Teams beeinflusst haben. Noch gravierender wirkte sich aus, dass der damalige FBI-Direktor James Comey Ende Oktober, nur wenige Tage vor der Wahl, die Untersuchungen zu Clintons E-Mail-Affäre wieder aufnahm. In ihrem Buch bezeichnet Clinton diesen Schritt denn auch nicht ganz zu Unrecht als einen Hauptgrund für ihre Niederlage. Obwohl sich rasch herausstellte, dass es sich bei den plötzlich aufgetauchten, vermeintlich neuen Hinweisen nur um Kopien alter, bereits ausgewerteter Dokumente handelte, gab es nachweislich einen Knick in den Umfragen. Die Affäre um einen privaten E-Mail-Server, den Clinton in ihrer Zeit als US-Außenministerin genutzt hatte, ließ offenbar in der noch unentschlossenen Wählerschaft gewisse Gedanken anklingen: Na, bei den Clintons ist doch irgendwie ständig irgendetwas, die glauben doch, nach ihren eigenen Regeln spielen zu können ... Ob die Whitewater-Immobilien-Affäre damals in Arkansas, die Lewinsky-Affäre im Weißen Haus oder später der private E-Mail-Server – wer sich so lange in der hohen Politik hält, dachten sich wohl viele, muss doch irgendwelche Leichen im Keller haben.

Dass die Demokraten mit Bernie Sanders allerdings erfolgreicher gefahren wären, glaube ich nicht. Aber mit Hillary Clinton stellten sie tatsächlich genau die Kandidatin auf, gegen die Donald Trump wohl die besten Chancen hatte. Denn am Ende führten nicht nur all die großen Verschiebungen und bedeutungsschweren Gründe dazu, dass er gewann, sondern genauso die oberflächlichen, die volatilen und kleinen Faktoren. Wie gesagt, die Mehrheit der Amerikaner wollte ihn nicht im Amt. Letztlich lag es an nur knapp 80 000 Stimmen Unterschied in den drei Staaten aus Clintons vermeintlicher *fire wall*: Pennsylvania, Michigan und – sehr zum Bedauern meiner in Green Bay aufgewachsenen Frau – Wisconsin. Das sind immerhin deutlich mehr als die 537 Stimmen, mit denen George W. Bush einst nach wochenlanger Hängepartie Florida und somit die Wahl gewann, und man mag sich nicht ausmalen, wie anders die Geschichte des frühen 21. Jahrhunderts verlaufen wäre, hätte Al Gore damals die Wahl gewonnen. Aber man sollte das zumindest im Hinterkopf behalten, wenn man – wie es in Deutschland gerne geschieht – die Amerikaner für ihren Präsidenten pauschal verurteilt.

In jener Wahlnacht frage ich mich, wie lange es wohl dauern würde, bis ich mich an diese Worte gewöhnt hätte: *Präsident Donald Trump*. Auf dem Bildschirm, auf den ich ungläubig starre, ist es in großen Buchstaben zu lesen, aber es will mir einfach nicht in den Kopf: *»Trump wins!«* – *»Trump gewinnt!«* Ein knappes halbes Jahr zuvor war ich nach dem Brexit-Referendum morgens aufgewacht und fast schon überrascht gewesen, wie persönlich betroffen mich die Abstimmung der Briten machte – als hätte eine Freundin Schluss gemacht. Ein Schlag in die Magengrube. Jetzt fühle ich erst einmal ... gar nichts. Nur Leere.

Die eine große Frage rumort in meinem Kopf: Wie konnte das passieren? Und als Donald Trump mit seiner ganzen Familie und seinem designierten Vizepräsidenten Mike Pence die Bühne betritt, habe ich den Eindruck, er selbst fragt sich das in dem Moment auch! Geradezu abwesend, entgeistert, reiht er sich ein und winkt zurückhaltend der Menge zu. Ausgerechnet der Mann, der das wohl größte Ego zwischen Atlantik und Pazifik hat, der keine Gelegenheit auslässt, um polternd zu prahlen, der über ein geradezu beneidenswertes Selbstbewusstsein verfügt, der soeben entgegen jeder Prognose als ältester Kandidat aller Zeiten den ultimativen Beliebtheitswettbewerb und damit das mächtigste Amt der Welt gewonnen hatte, ist in der Stunde seines größten Triumphs überraschend leisetreterisch, verhalten, sein Blick geradezu fassungslos. Als werde ihm jetzt erst bewusst, auf was er sich da eingelassen hat. Damit habe ich nicht gerechnet. Ich denke: Präsident *werden* wollte er wohl. Aber will er auch wirklich Präsident *sein*?

# 2

# Der Sumpf

Das Dröhnen der Rotorblätter nimmt nicht ab. Es dauert eine Weile, bis ich das registriere. Ich bin es gewohnt, dass immer wieder Helikopter über unser Haus hinwegdonnern, und nehme sie kaum noch wahr. Ab und zu habe ich auch *Marine One* gesehen, die Maschine des Präsidenten, wahrscheinlich auf dem Weg zum Wochenendsitz Camp David. Doch diesmal stimmt etwas nicht. Der dröhnende Helikopter wird nicht leiser, im Gegenteil – er scheint direkt über uns zu schweben. Als ich, an meinem Schreibtisch sitzend, durchs Fenster hinaus auf die Straße blicke, werde ich noch stutziger. Wir wohnen im Nordwesten Washingtons an einer ruhigen Parallelstraße zur viel befahrenen Connecticut Avenue, hier fahren sonst nur Anwohner vorbei, niemand kürzt irgendwohin ab. Und doch blicke ich nun auf einen regelrechten Verkehrsstau, Stoßstange an Stoßstange drängen sich die Autos vor unserer Haustür entlang.

Mein Telefon klingelt. Es ist der Taxifahrer, der mich an diesem Nachmittag zum Flughafen bringen soll. Es ist der 4. Dezember 2016, ich habe einige Wochen zuvor meinen neuen Job als Moderator der *Tagesthemen* begonnen, pendle aber noch zwischen Deutschland und den USA, bis die Familie zum Jahreswechsel nach Hamburg umziehen wird. Es ist einer meiner letzten Tage in Washington.

»Tut mir leid«, entschuldigt sich der Taxifahrer, »aber die Polizei hat hier alles weiträumig abgesperrt. Vollsperrung auf der Connecticut Avenue, sie leiten den Verkehr über die Seitenstraßen um.«

Das ist es also. Die Autos, die normalerweise die sechsspurige Hauptstraße befahren, zwängen sich jetzt an unserem Vorgarten vorbei. Ein Unfall? Eine geplatzte Wasserleitung? Eine Demo?

Der Polizeihelikopter über uns kreist ziemlich niedrig. Ich sehe am Ende der Stichstraße, die bei unserem Haus abgeht, wie ein Streifenwagen mit grellem Blaulicht den Zugang zu der kleinen Geschäftsmeile abriegelt, die gut zweihundert Meter entfernt von uns liegt – kein großes Shopping-Center, vielmehr eine Drogerie, ein Buchladen, zwei Tankstellen und ein paar Restaurants. Doch wie sich herausstellt, steht eines davon im Mittelpunkt dieses Aufruhrs: eine Pizzeria namens »Comet Ping Pong« – also nicht irgendeine Pizzeria, sondern *unsere*! Es ist unser Stammlokal, nur einen Steinwurf von zu Hause entfernt, wo wir zu spontanen Abendessen vorbeischauen, nach der Schule, nach dem Fußballtraining oder immer dann, wenn es mit den Kindern etwas zu feiern gibt. Meine Frau hatte an ihrem vierzigsten Geburtstag zu einer großen Party in diese Pizzeria eingeladen. Regelmäßig treffen wir uns dort mit befreundeten Familien, nicht nur wegen der Lage in der Nachbarschaft, sondern auch, weil es kaum ein kinderfreundlicheres Restaurant gibt – im hinteren Teil stehen drei Tischtennisplatten, daher der Name, und ein Kicker, wo sich Jung und Alt lautstark austoben können, während sie aufs Essen warten. Nirgends gibt es geduldigeres Personal.

In dieser Pizzeria bei uns um die Ecke passiert also gerade das, was später als *Pizzagate* um die Welt gehen wird. Ein paar Wochen zuvor war ein Gerücht, eine Verschwörungstheorie in den sozialen Medien und einschlägigen Webseiten umgegangen, dem zufolge im Keller des Comet Ping Pong keine Geringere als Hillary Clinton einen Kinderpornoring betreibe und dort Kinder gefangen halte. Diese irrwitzige Verbindung wurde wohl hergestellt, als gehackte E-Mails von Clintons Wahlkampfchef John Podesta auf WikiLeaks auftauchten, darunter auch eine Korrespondenz mit dem Besitzer der Pizzeria. Verschwörungstheoretiker meinten, in gewissen Abkürzungen und Begriffen Indizien für Verbrechen an Kindern zu erkennen. So sei angeblich *Cheese Pizza* – Käsepizza, kurz CP – in der Pädophilenszene ein Codewort für *Child Pornography*, Kinderpornografie, wozu ja auch der Name des Restaurants Comet Ping Pong passe.

Dieses Gerücht war natürlich absurd, fand aber in kurzer Zeit solche Verbreitung, dass ein zweifacher Familienvater aus North Carolina es offenbar nicht mehr aushielt, diesen »Skandal« tatenlos hinzunehmen, und die ganze Strecke bis nach Washington fuhr, um die angeblich eingeschlossenen und missbrauchten Kinder zu retten. Notfalls gewaltsam. Mit einem Sturmgewehr, einer Pistole und einem Klappmesser bewaffnet, betritt er also an diesem Sonntagnachmittag die Pizzeria, geht an Gästen und Tischtennis spielenden Kindern vorbei in die Küche und die hinteren Räume, schaut sich um und feuert zwei Patronen ab, um ein Türschloss aufzuschießen. Der Polizei-Großeinsatz lässt nicht lange auf sich warten, was den Helikopter über uns und die weiträumige Absperrung der Straße erklärt. Nachdem der Mann nichts findet, lässt er sich widerstandslos festnehmen.

Verletzt wird zum Glück niemand, aber der Schock in der Nachbarschaft sitzt tief. Nicht nur, weil es hätte schlimmer ausgehen können, sondern auch, weil der Fall zeigt, welche realen Auswirkungen heutzutage Gerüchte und Falschmeldungen, ob bewusst oder zufällig gestreut, auf Menschen haben und sie zu

Taten bewegen können, die in einem Land mit so leichtem Zugang zu Schusswaffen schnell fatal enden. Bis heute ist *Pizzagate* für mich der deutlichste Beweis dafür, dass *fake news* kein rein theoretisches Problem sind, sondern greifbare Konsequenzen haben können. Was auch der Angreifer zu spüren bekommt: Er wird wegen der Aktion zu vier Jahren Haft verurteilt.

Irgendwann hat mein Taxifahrer es über Umwege doch noch zu unserem Haus geschafft. Die skurrile Szene vor der Pizzeria, an der wir dann Richtung Flughafen vorbeifahren – das Blaulicht der Streifenwagen, das schwarz-gelbe Flatterband, die vielen Beamten, wie im Film auf der ansonsten leer gefegten Straße hinter ihren Autos verschanzt –, ist somit einer der letzten Eindrücke, die ich von Washington, D. C. mitnehme. Und steht sinnbildlich für die Situation und Gemütslage, in der sich das Land und seine Hauptstadt am Ende meiner Zeit dort befinden. Wenige Wochen nach der Wahl von Donald Trump ist dies für mich der absurde Schlusspunkt dieses verrückten Wahlkampfs und Abschnitts in der Geschichte der USA, dessen Zeuge ich hatte sein dürfen. Und ich frage mich: Was wird die Ära Trump uns noch bringen? Welche Auswirkungen wird diese Zäsur noch haben?

Als ich zur Jahreswende 2016/17 nach drei Jahren Korrespondententätigkeit in den USA schließlich nach Deutschland zurückkehrte, fragten mich viele Freunde und Kollegen, ob ich nicht unglücklich über das Timing sei. Die Präsidentschaftswahl hatte ich ja noch vor Ort in Washington miterlebt, doch als der Machtwechsel mit der Amtseinführung am 20. Januar 2017 offiziell über die Bühne ging, war ich bereits nach Hamburg gezogen. Würde ich jetzt nicht lieber noch am Potomac sein, um diese Präsidentschaft und ihre Folgen live und in Farbe mitzuerleben?

Tatsächlich war mein Bedarf an alldem vorerst gedeckt. Ich hatte anderthalb Jahre US-Wahlkampf hinter mir, hatte unzählige TV-Debatten miterlebt, war dem medialen Dauerfeuer und Erregungszustand des in dieser Form wohl noch nie da gewesenen Spektakels von morgens bis abends ausgesetzt gewesen. Ich war froh, mich in meiner neuen Aufgabe auch auf andere Schauplätze des Weltgeschehens konzentrieren zu können.

Außerdem gab es ohnehin kein Entrinnen, egal, auf welcher Seite des Atlantiks. Gerade in der ersten Zeit zurück an der Elbe kam es kaum vor, dass wir uns nicht mindestens einmal pro Woche in den *Tagesthemen* mit der Causa Trump beschäftigten. Die Kollegen im ARD-Studio in Washington erzählten mir später, dass sie nach dem Amtsantritt im Januar erst im Oktober 2017 einmal eine Woche erlebten, in der sie keinen einzigen aktuellen Beitrag absetzten. Für die Wochenendbereitschaften ging es nicht mehr um die Frage, *ob* die Kollegen einen Beitrag produzierten, sondern *wie viele*. Zwar fanden in dieser Zeit auch Ereignisse wie die verheerenden Hurrikans Irma, Harvey und Maria statt, genauso das furchtbare Attentat in Las Vegas, aber für den Großteil der Arbeit sorgte die neue Administration. Denn selbst bei den erwähnten anderweitigen Ereignissen ging es rasch darum, wie Donald Trump mit den Herausforderungen umging. Die Bilder etwa, wie er bei seinem Besuch auf der von Hurrikan Maria verwüsteten US-Insel Puerto Rico einigen Notleidenden Küchenpapierrollen zuwarf, sprechen für sich.

Vor allem Dichte und Halbwertszeit mancher Nachrichtenlagen waren – und bleiben – atemberaubend. Es gibt Wochen, in denen weder Journalisten noch Zuschauer mitkommen, wenn auf einen kontroversen Tweet eine neue Präsidentenverfügung und dann ein weiterer Wechsel in der Regierungsmannschaft folgt. Die *Fire-and-Fury*-Enthüllungen, die Behauptung, ein »sehr stabiles Genie« zu sein, gefolgt vom Schlagabtausch darüber, wer den »größeren Atomknopf« hat, und die Folgen der »shithole countries«-Bemerkung, dazu ein kurzzeitiger Regierungsstillstand zum Jahrestag der Amtseinführung, ständig neue Entwicklungen in der Russland-Affäre sowie Attacken gegen das FBI, ein erstaunlicher Ausflug nach Davos, Gerüchte um eine Pornodarstellerin, ein falscher Raketenalarm in Hawaii und die erste Rede zur Lage der Nation – das alles passierte im Januar 2018, also in nur einem Monat. Da kann einem leicht schwindelig werden, denn schon ein einziges dieser Ereignisse würde normalerweise die Schlagzeilen tagelang bestimmen. Aber was ist mittlerweile noch normal in Trumpistan?

Die hohe Schlagzahl führt jedenfalls dazu, dass so manche Kontroverse, die es durchaus verdient hätte, genauer unter die Lupe genommen zu werden, alsbald in Vergessenheit gerät, weil einem schon der nächste Paukenschlag in den Ohren dröhnt. Die Dauererregung ist also nicht nur ungesund, sondern auch wenig hilfreich. Denn die Aufregung über Trumps Worte und sein Auftreten führt oft dazu, dass man abgelenkt ist und im Nebel der Empörung übersieht, was tatsächlich passiert und welche Veränderungen er vorantreibt.

Und das ist durchaus mehr, als man erst einmal glaubt. Das Nachrichtenportal Politico hat daher sogar eine regelmäßige Rubrik ins Leben gerufen: »Fünf Dinge, die Trump diese Woche getan hat, während du nicht hingeschaut hast.« Eine lohnende Lektüre.

Die Herausforderung liegt bei alledem darin, dass es hierfür kein Vorbild, kein Muster gibt. Nie zuvor kürten die Amerikaner einen Mann zu ihrem Staatschef, der weder Regierungserfahrung hatte noch beim Militär gewesen war. Außer seinem Geschäftsgebaren und seinen Reality-TV-Auftritten gibt es keine Erfahrungswerte, keine Hinweise darauf, welche Politik typisch

*Trump ist.* Es gibt keine Linie, die man halbwegs verlässlich in die Zukunft ziehen kann. Das Beben spüren alle, aber unklar bleibt, ob das nun eine Systemkrise ist, einschließlich institutioneller Verwerfungen und Brüche, oder bloß eine temporäre Ausnahmesituation. Trump jedenfalls scheint oft sehr impulsiv zu handeln, aus dem Bauch heraus. Das einzig Beständige ist bei ihm die Unbeständigkeit. Man sollte ihm nicht allzu viele strategische Leitgedanken unterstellen.

Gleichzeitig bleibt er zumindest einer Linie erstaunlich treu: Er tut hartnäckig ziemlich genau das, was er seinen Anhängern von den Rednerpulten herab zugebrüllt hatte und wofür sie ihn ins Amt wählten. In ihren Augen, so verwunderlich das für deutsche Beobachter klingen mag, ist er durchaus erfolgreich und effektiv. Die bittere Erkenntnis lautet, dass sie genau dieses aggressive, mitunter rassistische, staatliche Institutionen beschädigende, postfaktische Umfeld haben wollten – und bekommen haben.

Dabei sollte man unterscheiden, wie dieser 45. Präsident der USA einerseits durch seine Maßnahmen, andererseits durch seinen Ton und Stil die Politik sowie die Gesellschaft des Landes verändert. Zunächst ist da das, was Trump sagt und wie er es sagt. *»Words have meaning«* lautet eine beliebte amerikanische Redensart – Worte haben eine Bedeutung, haben Konsequenzen. Sie formen unser Bewusstsein, und das wiederum formt unsere Realität, unser Handeln – ein Zusammenhang, der sich wohl selten so klar zeigt wie in diesem Fall. Einfach so zu tun, als meinte Trump vieles gar nicht ernst, ist entweder naiv oder fahrlässig, denn es hat sehr wohl Wirkung, sowohl in seinem Land als auch im Rest der Welt. Immerhin kommen diese Worte vom Präsidenten der Vereinigten Staaten von Amerika. Um sich das immer wieder bewusst zu machen, empfehle ich den

Twitter-Account @RealPressSecBot, der sich die Mühe macht, Trumps Tweets unter einen Briefkopf des Weißen Hauses zu packen, als seien sie offizielle Pressemitteilungen des Präsidenten – was sie letztlich eben sind.

Andererseits wäre es fast schon vermessen, würde man Trump zusprechen, quasi im Alleingang die USA umzuwälzen. Das schafft kein Präsident, erst recht nicht ein so chaotischer. Dafür ist der Tanker Amerika zu groß, das Land zu pluralistisch, zu heterogen und zu weitläufig. Und man sollte auch nicht die Trägheit des föderalen politischen Systems unterschätzen. Trump ist nicht die Ursache für das, was auf der anderen Seite des Atlantiks passiert – er ist das sichtbarste Symptom (wenn auch eins, das zunehmend selbst zur Ursache wird): das Symptom einer zerrissenen, polarisierten Gesellschaft voller Brüche und gegenläufiger Bewegungen.

In Washington, der einst zum Teil auf trockengelegtem Sumpfland erbauten Hauptstadt, wo Trump seinen Anhängern versprach, den sprichwörtlichen Sumpf aus Politik, Lobby-Interessen und angeblicher Korruption trockenzulegen, war der Schock über Hillary Clintons Niederlage besonders groß und wochenlang handfest spürbar. Die allgemeine Bestürzung war zunächst nicht verwunderlich, denn die Stadt mit ihrem großen Anteil an Afroamerikanern ist durch und durch demokratisch geprägt – noch nie gingen ihre drei Wahlmännerstimmen an einen republikanischen Kandidaten. Hillary Clinton holte sie mit geradezu sozialistischen 92,8 Prozent der Stimmen.[16] Und doch schien es mir, als hätte dieser republikanische Sieg die Bewohner härter getroffen als frühere. Ich kann mich noch an die Ungewissheit und den Frust erinnern, als im Jahr 2000 George W. Bush sich nach wochenlanger Kontroverse und am Ende mit hauchdünner Mehrheit gegen den Demokraten Al Gore durchsetzte. Aber das war nicht vergleichbar mit diesem Einschnitt.

Eine deprimierte Bekannte schilderte, es sei, als würde sie sich wie unter Wasser bewegen – alles sei verlangsamt, schwerfälliger, gedämpfter. Ein erstickendes Gefühl, als sei jemand gestorben. Als sei *etwas* gestorben – nämlich die Zuversicht, dass sich am Ende die ruppig-aggressive Methode Trump nicht durchsetzen würde. In den Tagen nach der Wahl war dies die bestimmende Sorge der Eltern an unserer amerikanischen Grundschule. Der Tenor: *Wir bringen unseren Kindern doch ständig bei, zuvorkommend zu sein, tolerant, rücksichtsvoll, damit sie keine groben Schulhofrüpel werden, die ihre Mitschüler tyrannisieren, niedermachen und ausgrenzen. Sondern Schlichter, die Konflikte gewaltfrei lösen und dazwischengehen, wenn Größere und Stärkere über Kleinere und Schwächere herfallen.* Ganze Unterrichtsstunden drehten sich um das Thema, die Kinder malten Plakate und machten Rollenspiele über soziales Miteinander. Und jetzt sahen sie, wie jemand mit genau diesen Eigenschaften – rücksichtslos gegenüber Minderheiten, lügend und nachtragend, sofort austeilend, wenn er sich kritisiert fühlt, den Weg ebnend für Hass und Fremdenfeindlichkeit – nicht nur reich und berühmt geworden war, sondern es obendrein bis ins Weiße Haus geschafft hatte. Was für eine Botschaft musste das an die Kinder aussenden? Eine berechtigte Sorge, wie ich finde.

Der Schock führte aber auch zu gewissen Überreaktionen. Nicht nur, dass einige Bekannte auf Facebook posteten *»If you voted Trump, please unfriend me«* – »Wenn du Trump gewählt hast, dann kündige bitte unsere Facebook-Freundschaft.« Offenbar wollten einige auch jenseits der Social-Media-Welt Konsequenzen ziehen und nichts mehr mit »der anderen Seite« zu tun haben. Ehemalige Nachbarn in Washington, deren Sohn mit unseren Kindern in die Klasse ging, erzählten mir später, dass sie als bekennende Republikaner (er hatte einst für die Reagan-Regierung gearbeitet) seit der Wahl von anderen Eltern geschnitten und gemieden würden, was sich nicht nur äußerst schmerzhaft und befremdlich anfühle, sondern auch ungerechtfertigt sei – sie hätten gar nicht für Trump gestimmt, sondern John Kasich, den Gouverneur von Ohio, auf den Wahlzettel geschrieben (der Exkandidat war zu dem Zeitpunkt natürlich längst ausgestiegen, aber in den USA ist es möglich, eigene Vorschläge auf die dafür vorgesehenen leeren Zeilen des Stimmzettels zu schreiben). Sie wurden gewissermaßen in Sippenhaft genommen.

Einer der dauerhaftesten Schäden dieser Präsidentschaft für die amerikanische Gesellschaft ist meiner Meinung nach: Wenn beide Seiten des politischen Spektrums nicht einmal mehr miteinander reden, selbst auf Facebook nicht, dann wird es schwierig, diese gespaltene Gesellschaft wieder zusammenzuführen. Meine Frau und ihr Vater haben immer entgegengesetzte politische Meinungen gehabt, vor allem in ihrer Jugend geriet meine Frau häufig mit ihm aneinander. Aber immerhin blieben sie im Gespräch und versuchten, die Argumente des anderen zu verstehen. Heutzutage versuchen die beiden, Gespräche über Politik zu vermeiden, lieber reden sie über Sport oder das Wetter, weil sonst schon nach wenigen Sätzen einer von beiden empört oder resigniert abwinkt. Früher seien sie nie so schnell in eine Sackgasse geraten, erklärt meine Frau. Und so geht es vielen Familien. Wie soll da Vertrauen wieder aufgebaut werden?

In einer seiner letzten Wahlkampfreden für Hillary Clinton warnte der scheidende Präsident Barack Obama, dass sich niemand in diesem Amt wirklich verändere, sondern das Amt vielmehr »das vergrößere, was du zuvor schon bist«.[17] Wer also gehofft hatte, die Bürde des Amtes würde Trump mäßigen oder in gewisser Weise zähmen oder ihn zumindest dazu veranlassen, weniger rüpelhaft und dafür »präsidialer« zu werden, der bekam gleich mit der ersten Amtshandlung einen Dämpfer verpasst. Denn anstatt – wie sonst üblich nach einem extrem harten und oft auch verletzenden Wahlkampf – das politische Kriegsbeil zu begraben und auf die andere Seite zuzugehen, wie es seine Vorgänger meist taten, anstatt Signale der Versöhnung zu senden und nun, da er am Ziel angelangt war, der Präsident *aller* Amerikaner sein zu wollen, richtete sich Trumps Rede zur Amtseinführung nur an diejenigen, die ihm zum Einzug ins Weiße Haus verholfen hatten: an seine Basis, seine unerschütterlichen Stammwähler. Statt der anderen Seite – und dem Rest der Welt – die Hand zu reichen, hämmerte er vor den versteinerten Mienen seiner noch lebenden Vorgänger seine kompromisslose *America-First*-Botschaft vom Rednerpult. Genau dort hatte einst John F. Kennedy gestanden und proklamiert, dass »Zuvorkommenheit kein Zeichen von Schwäche« sei, und den Rest der Welt aufgefordert, »die Probleme anzugehen, die wir zusammen lösen können, statt auf denen herumzureiten, die uns spalten«.[18] Von Trump dagegen blieb vor allem der selbstbezogene Satz hängen: »Von diesem Moment an wird es nur Amerika zuerst geben!« Und die Behauptung »Die vergessenen Männer und Frauen dieses Landes werden nicht länger vergessen sein. Jetzt hört euch jeder zu!« war ein unüberbietbar klares Signal an die *Do-you-hear-me-now*-Wähler.

Dann malte er noch das apokalyptische Bild von einem »amerikanischen Massaker«, das seine Vorgänger angerichtet hätten. Das war zwar völlig überzogen, sollte aber seiner Basis suggerieren: Die Schuldigen wurden davongejagt, jetzt wird euer Leiden aufhören, lasst mich nur machen. Vom bis dahin letzten republikanischen Präsidenten, George W. Bush, wird berichtet, er habe beim Verlassen der Tribüne seiner Frau Laura zugeraunt: »Was war das denn für ein merkwürdiger Scheiß?«[19]

Irgendwann muss sich folgende Formel in Trumps Kopf festgesetzt haben: *Den Beliebtheitswettbewerb kannst und wirst du sowieso nie gewinnen, deine einzige Chance ist die Flucht nach vorne – indem du all dein Sagen und Tun danach ausrichtest, diejenigen bei der Stange zu halten, die dich ins Amt gewählt haben. Und vielleicht holst du damit sogar noch potenzielle Sympathisanten, die auf der Kippe stehen, ins Boot.* Das mag die Basis begeistern, aber weil es so kurz greift, verzwergt es letztlich nur das Amt und seinen Inhaber.

Diese Maxime seines Handelns zieht sich bis heute durch seine Präsidentschaft. Zwar könnte man sagen, hier ist endlich ein Politiker, der auch wirklich tut, was er sagt und versprochen hat (und so sehen es Trumps Anhänger sicherlich auch). Wer aber grundsätzlich nach dem Motto »Die gegen uns« handelt, darf sich nicht wundern, dass er die historisch schlechtesten Umfragewerte einfährt. Kein Präsident der letzten Jahrzehnte blieb in seinem ersten Jahr so konsequent unter 50 Prozent Zustimmung wie Trump, der im Mittel nicht einmal 40 Prozent schaffte – der Durchschnittswert seines ersten Amtsjahrs lag bei 38,4 Prozent.[20] Zum Vergleich: Die bisher geringste Zustimmung im ersten Amtsjahr war die von Bill Clinton mit 49,3 Prozent. Diese Tatsache – nämlich, dass die Mehrheit der Amerikaner ihren jetzigen Präsidenten nicht wollte und ihn nach wie vor ablehnt – sollten wir uns stets vor Augen halten.

Nicht gerade hilfreich wirkte dabei der mehr als holprige Start der Trump-Mannschaft in Washington. Angefangen mit dem Rücktritt des Nationalen Sicherheitsberaters Michael Flynn nach nur wenigen Wochen wegen Verstrickungen in der Russland-Affäre, dann weiter mit dem scheinbar unaufhaltsamen Strom durchgestochener Informationen bis hin zu den unzähligen Grabenkämpfen hinter den Kulissen oder dem absurden Theater des Presseteams, das in der einwöchigen (!) Amtszeit des Kommunikationsdirektors Anthony Scaramucci gipfelte (dessen Nachname, wie es der Zufall will, wie die komische Figur des großmäuligen Aufschneiders Scaramuccia aus dem italienischen Volkstheater Commedia dell'arte klingt).

Nach acht Amtsjahren eines Präsidenten, wie im Falle von Barack Obama, dauert es immer eine Weile, bis wichtige Posten in Ministerien und Ämtern neu besetzt sind. Aber unter Trump war dieser Vorgang besonders zäh, zum Beispiel im von ihm ohnehin wenig geschätzten Außenministerium, dem State Department. Ein Freund von mir arbeitete dort auf demselben Flur, an dem das Büro des Ministers liegt. Wo wenige Wochen zuvor noch emsige Last-minute-Betriebsamkeit geherrscht habe, huschten nun wenige Gestalten mit gesenktem Kopf durch die Korridore – es wirkte auf ihn wie ein Geisterhaus. Bis heute sind viele Stellen unbesetzt. Zum Großteil scheint das gewollt gewesen zu sein, die Regierung hatte sich immerhin das Schrumpfen des Apparats in Washington auf die Fahne geschrieben. Und einen Weg, »den Sumpf trockenzulegen«, sah das Kabinett offenbar darin, von Obama-Leuten geräumte Posten einfach nicht neu zu vergeben. Die geplanten Budgetkürzungen im Außenministerium drohten den diplomatischen Arm der USA weiter verkümmern zu lassen.

Diese Personalpolitik führte zu Stillstand, vieles konnte nur noch verwaltet statt gestaltet werden. Der deutschen Botschaft in Washington etwa fehlten lange die richtigen Ansprechpartner. Ein Jahr nach Amtsantritt gab es in wichtigen Partnerländern wie Deutschland, Südkorea oder Saudi-Arabien noch immer keine US-Botschafter. Ein deutscher Diplomat erzählte mir zwar von State-Department-Veteranen, die Ähnliches schon beim Übergang von Carter auf Reagan erlebt hätten – das Chaos habe damals auch über ein Jahr gedauert. Das macht aber die Trump-Administration noch lange nicht professioneller.

Und wo sollte der Sachverstand auch herkommen? Es fehlten doch schon im Wahlkampfteam die Experten. Allen voran der

Chef, der absolut keine politische Erfahrung hatte und nicht wusste, wie man eine Regierungsmannschaft aufstellt und führt. Und der vor allem eins nicht kannte: Washington und den dortigen Politbetrieb.

Das Diktat des Dilettantismus führte nicht nur zu einer Menge Frust bei allen Beteiligten, sondern auch zu einer Menge handwerklicher Fehler. Ein Gesetz lässt sich nicht mal eben erlassen oder abschaffen, die Judikative lässt nicht alles unbeanstandet. Eine von Trumps ersten Initiativen beispielsweise, den Einreisestopp für Menschen aus einigen vornehmlich muslimischen Ländern, kassierte dann auch recht schnell ein Gericht. Erst mehrere Monate später ging im dritten Anlauf eine angepasste, geänderte Form beim Supreme Court durch, während in unteren Instanzen diverse juristische Scharmützel immer noch laufen. Als sich die Gesundheitsreform Obamacare partout nicht abschaffen ließ, trotz Mehrheiten in beiden Kongresskammern, quittierte Trump das mit Verwunderung: »Wer hätte gedacht, dass das Gesundheitswesen so kompliziert sein könnte?« Nach wie vor frage ich mich, ob er diesen Satz wirklich ernst gemeint haben kann.

Das Problem, sagen seine Berater, wurzele bis heute in Trumps unrealistischen Vorstellungen von der Machtfülle eines Präsidenten, die eben nicht der eines imperialen Alleinherrschers entspricht, sondern in mühevoller Kleinarbeit mit zwei weiteren Gewalten im Staat geteilt werden muss.[21] Anders als bei uns geht in den Vereinigten Staaten die Exekutive nicht aus der Legislative hervor, sondern wird direkt gewählt, was zu einer größeren Unabhängigkeit der Kongressmitglieder führt – auch jener der Präsidentenpartei, die sich nicht automatisch ihrem Präsidenten gegenüber verantwortlich fühlen, sondern eher den Menschen in ihren Wahlkreisen. Das greift erst recht dann, wenn der Präsident kein klassischer Republikaner ist und in vielen Punkten mit den Positionen seiner Partei über Kreuz liegt. In der Tat herrschte und herrscht bei vielen Politikern der GOP Abneigung, wenn auch nicht offen zur Schau gestellt, sondern aus politisch-taktischen Gründen eher hinter verschlossenen Türen. »Ich arbeite nicht für Sie, Herr Präsident«, soll ein Senator Trump einmal angebellt haben. Und der republikanische Mehrheitsführer im Senat, Mitch McConnell, soll ihn bei einer Besprechung im Oval Office gleichsam angeschnauzt haben: »Unterbrechen Sie mich nicht!«[22]

Die Erkenntnis, dass Donald Trump das Land nicht wie seine Immobilienfirma nach Gutdünken leiten kann, führte nach der anfänglichen Schockstarre zu einem gewissen Aufatmen in Washington. Offenbar funktioniert die Gewaltenteilung. Die Mechanismen, welche die Gründungsväter einst gegen allzu viel Alleinherrschaft in die Verfassung einbauten, stehen unter Beschuss, aber sie halten dem Ansturm stand. Dass es mit Ex-FBI-Chef Robert Mueller einen Sonderermittler gibt, der die Einmischung Russlands in die Wahl von 2016 und dabei auch das direkte Umfeld des Präsidenten ins Visier nimmt, spricht für einen funktionierenden Rechtsstaat, von dem Bürger in nicht wenigen anderen Ländern nur träumen können.

Gleichwohl erlebe ich, als ich zum Jahrestag der Wahl für einen Besuch in die amerikanische Hauptstadt zurückkehre, dass viele Freunde und Bekannte »down on D. C.« sind, immer noch geknickt und vom konstanten Wirbel um diese Administration und vom hypernervösen begleitenden Medienecho erschöpft. Manche würden am liebsten wegziehen, weil man sich in dieser politisierten Stadt dem Thema, das ihnen irgendwie ständig die Laune und auch sonst alles verdirbt, kaum entziehen kann. Eine Mutter aus der früheren Fußballmannschaft meiner Tochter erzählte mir hilflos, wie sehr sie die Nase voll davon habe, sich ständig aufregen zu müssen, und wie sehr es sie ermüde, schon beim Aufstehen zu denken, was heute wohl alles passieren werde. Freudestrahlend erzählte sie mir dagegen von einer Party, auf der sie jüngst gewesen sei:»Ich fragte mich, warum ich sie so toll fand. Und stellte fest – ich hatte den ganzen Abend ausnahmsweise mal nicht über unseren peinlichen Präsidenten gesprochen.«

Die Spaltung des Landes, die schon unter Obama spürbar war, hat sich noch vertieft. Das gilt wohl nirgendwo so sehr wie unter der Kuppel, die Washingtons höchstes Gebäude markiert – im Kongress. Wobei die beiden großen Parteien dieses im Wesentlichen bipolaren Systems auch noch in sich gespalten sind. Die Republikaner führen einen scharfen Richtungsstreit. Auf der einen Seite stehen sowohl die Tea-Party-Bewegung mit ihrer reinen christlich-fundamentalen Lehre als auch nationalistische Hardliner, die vor allem eins nicht wollen: Kompromisse! Auf der anderen kämpft das klassische Partei-Establishment, das in erster Linie den Einfluss des Staates so weit zurückfahren möchte wie möglich. Gerade von letzteren treten überdurchschnittlich viele in den Zwischenwahlen 2018 nicht mehr an, offenbar vergrault vom Klima auf dem Capitol Hill und vom Präsidenten. Ihnen fehlt wahrscheinlich die Motivation und die Kraft, weiterhin öffentlich dagegenzuhalten. Oder sie werfen hin, weil sie in ihrem Wahlkreis keine Chance gegen die rabiate, parteiinterne Hardliner-Konkurrenz sehen, die sich im Aufwind fühlt.

Die Demokraten wiederum haben sich noch längst nicht von dem Wahlschock erholt, geschweige denn neu aufgestellt. Nach wie vor sind sie in zwei Lager gespalten. Zum einen gibt es die Fraktion des klassischen Parteiapparats, der in den Vorwahlen bei jeder Gelegenheit Hillary Clinton bevorzugte, was intern für viel Unmut sorgte. Ihr gegenüber steht die Linksruck-Bewegung um den knorrigen Senator Bernie Sanders, mit leidenschaftlichen, vielfach jungen Aktivisten, die ein progressives Umdenken fordern und beinahe erreicht hätten, dass die Demokraten mit Sanders ins Rennen gingen. Deren Fazit aus dem Wahldebakel lautet: Jetzt erst recht!

Diese Spaltung auf beiden Seiten wurde sicher nicht durch Donald Trump hervorgerufen, doch hat diese ihm umgekehrt mit ins Amt geholfen. Ein bisschen verstehe ich den Frust darüber und warum Wählerinnen und Wähler das »kaputte System Washington« am liebsten abreißen würden, sodass sie einen Außenseiter dort hingeschickt haben, der den Laden endlich einmal gehörig aufmischt. Trumps Wahl war ein gigantischer gestreckter Mittelfinger Richtung D. C. und die als fruchtlos wahrgenommene Politik dort. Das polarisierte Klima in der amerikanischen Politik führt seit Längerem dazu, dass beide Seiten sich nur noch blockieren, wo sie können, anstatt miteinander um Kompromisse zu ringen. Das Wort »Kompromiss«, ein Grundpfeiler der Demokratie, gilt in den USA etwa seit der Präsidentschaft von George W. Bush geradezu als Schimpfwort, als Zeichen von Schwäche. Einige Kandidaten werben sogar mit dem Slogan »I don't compromise« – »Ich mache keine Kompromisse«. Und dies nicht ohne einen gewissen Erfolg, was dazu führt, dass die vergangenen Legislaturperioden zu den unproduktivsten in der Geschichte der USA gehören. Die Republikaner blockierten Obama, wo sie nur konnten, damit er bloß keinen politischen Sieg einfuhr; selbst einen government shutdown, einen Regierungsstillstand, nahmen sie dafür in Kauf. Die Demokraten wiederum zeichnen sich derzeit auch nicht gerade durch Entgegenkommen aus.

Die Ränder werden stärker, die Mitte schwindet. Gerade in solch einer Situation bräuchte es eine versöhnliche Exekutive, die vermittelt, die überzeugt, die geschickt von beiden Seiten getragene Ansätze aufspürt. Trump tut meist das Gegenteil. Es mag ja sein, dass man in dieser verfahrenen Lage hier und dort erst einmal den Vorschlaghammer schwingen muss. Doch dieser *Disruptor-in-Chief*, der oberste Unterbrecher aller Routinen, macht oft nur den ersten Schritt, reißt Regeln, Konventionen, Traditionen ein, ohne anschließend den mühsamen nächsten Schritt des Wiederaufbaus zu gehen. Wenn einer nur kämpft, um zu siegen, ohne zu wissen, wofür, bedeutet dies das Ende von Politik.

Egal, mit wem ich in Washington gesprochen habe, ob mit Abgeordneten, Lobbyisten, Diplomaten oder Journalisten – sie alle haben einen gemeinsamen Punkt: Der Ton, der Umgang ist nicht nur lauter und rauer, er ist geradezu feindselig geworden. Und das geht zu großen Teilen auf Trumps Konto, weil er selbst mit schlechtem Beispiel vorangeht und bestimmte Haltungen und Aussagen salonfähig macht; weil er die Grenzen des Sagbaren und Denkbaren verschiebt. Dadurch fühlen sich wiederum gewisse Strömungen in der Gesellschaft gestärkt, sie spüren Rückenwind.

Dafür gibt es unzählige Beispiele, die den Rahmen dieses Buches sprengen würden. Aber ein Ereignis sticht für mich eindeutig heraus und steht exemplarisch für diese Veränderung: der Aufmarsch von Rechtsextremisten, Rassisten und Neonazis in Charlottesville, Virginia. Im August 2017 kam es zu einer folgenschweren Konfrontation ausgerechnet in der Kleinstadt, aus deren Umgebung Thomas Jefferson stammte, der Vater der amerikanischen Unabhängigkeitserklärung und aufgeklärte Vorkämpfer der »selbstverständlichen Wahrheiten«, für die er die Menschenrechte hielt.

Ursprünglich geplant als Protest gegen die Entfernung einer Statue von Südstaaten-General Robert E. Lee, wurde die Veranstaltung zu einer Machtdemonstration der rechtsradikalen Szene. Dass es in den USA solche Kundgebungen geben darf und Menschen mit Hakenkreuzfahnen und Fackeln durch die Straßen marschieren, ist dabei nicht das Ungewöhnliche, so befremdlich es aus deutscher Sicht auch ist, denn der erste Zusatz zur US-Verfassung schützt die freie Meinungsäußerung in den USA sehr weitreichend. Aber die Selbstverständlichkeit, mit der *white supremacists* und Fremdenfeinde mittlerweile auftreten, weil sie ihre Zeit für gekommen halten, ist bezeichnend, ebenso der Jubel eines Rechtsradikalen wie des ehemaligen Ku-Klux-Klan-Chefs David Duke über Trumps Wahlsieg – und über dessen Reaktion auf Charlottesville.

Gegen den Aufmarsch in dem Universitätsstädtchen formierte sich eine laute Gegendemonstration, in die ein zwanzigjähriger Nationalist schließlich gezielt mit seinem Auto hineinraste. Es gab zahlreiche Verletzte, eine Frau wurde getötet – ein Attentat, ein Fall von Neonazi-Terrorismus. Das Entsetzen landesweit war gewaltig, doch die Reaktion des Präsidenten zunächst vage und verhalten. Nach zwei Tagen verurteilte er schließlich die Vorfälle in einem abgelesenen Statement, zu dem ihm sein Umfeld offenbar dringend geraten hatte: Solch abstoßender Hass habe keinen Platz in Amerika. Nur, um tags darauf in einer spontanen Pressekonferenz im Foyer des Trump Towers in New York dieses Korsett wieder abzuschütteln und die Ereignisse von Charlottesville zu relativieren: »Es gab ein paar sehr schlechte Leute in dieser Gruppe, aber es gab auch Leute, die waren sehr anständige Leute, auf beiden Seiten.«[23] Wie bitte? Haben diese »anständigen« Teilnehmer der Demonstration die wüsten Tiraden gegen Schwarze, Latinos, Juden und Schwule in der rechtsextremen, bewaffneten, hakenkreuzgeschmückten Horde, in der sie mitliefen, also einfach nicht gehört?

Es gibt für einen US-Präsidenten wohl kaum eine leichtere Übung, als sich von rassistischen und menschenverachtenden Neonazis zu distanzieren. Hunderttausende amerikanische Soldaten sind im Kampf gegen den Nationalsozialismus gefallen. Es ist eine Selbstverständlichkeit, müsste man meinen, sich wie alle Amtsvorgänger entschieden gegen solche Vorfälle auszusprechen, schon allein, um eine geschockte Nation zu beruhigen. Trump wollte oder konnte sich dazu nicht durchringen. Der Jubel der Alt-Right-Bewegung war ihm sicher, reaktionäre Weiße dürften sich aufgewertet gefühlt haben. Trump begeistert nicht nur am Klimawandel zweifelnde Kohlekumpel oder neoliberale Kapitalisten, sondern auch Rassisten. Die Saat des inzwischen gefeuerten »Chefstrategen« Steve Bannon fällt auf fruchtbaren Boden. Und dieser Ungeist ist nur schwer wieder in die Flasche zurückzudrängen – ein gesellschaftliches Gift mit Langzeitwirkung.

Die Pressekonferenz endete schließlich mit dem denkwürdigen Satz: »Charlottesville ist ein toller Ort, der in den letzten paar Tagen schlimm verletzt wurde. Tatsächlich besitze ich eines der größten Weingüter in den Vereinigten Staaten. Es ist in Charlottesville.« Noch Fragen?

Kein Zweifel, das Land – und die Welt – leiden unter dem geltungssüchtigen Egomanen im Oval Office. Sein direkter Vorgänger sagte nicht umsonst, die Fähigkeit, das Land zu führen, hänge nicht von Gesetzen oder Anordnungen ab, sondern von der Vorbildfunktion, also davon, »wie du Haltungen beeinflusst, welche Verhaltenskultur du prägst, wie du das Bewusstsein schärfst«.[24]

Und dennoch: Trotz aller grotesker Details, trotz all der erschreckend borniertten Aussagen, Tweets und Handlungen, trotz Lächerlichkeit und Chaos – zu behaupten, die Regierung dieses »sehr stabilen Genies« sei ein absolutes Fiasko, greift zu kurz. Man mag sich fremdschämen oder Trump verabscheuen, aber man macht es sich zu einfach, wenn man sich über ihn nur lustig macht oder empört. Sicher, die gerichtlichen Schranken, die seinen Anordnungen gesetzt werden, bremsen ihn oft aus, und das krachende Scheitern des Versuchs, die Gesundheitsreform Obamacare abzuschaffen, war eine herbe Niederlage. Aber seine Erfolge, die Punkte auf der Habenseite, sind nicht zu übersehen, und es werden immer mehr. Das sollte uns wesentlich mehr erstaunen und beunruhigen als Trumps Großmannssucht oder seine absurden Tweets.

Lange Zeit galt die Berufung des konservativen Richters Neil Gorsuch an den Obersten Gerichtshof der USA als einziger *big point* Trumps. Und das nicht umsonst, denn diese Weichenstellung wirkt weit über die Amtszeit des Präsidenten hinaus. Supreme-Court-Richter werden auf Lebenszeit berufen – was übrigens auch den Wahlausgang beeinflusste: Dass diese Personalie nach dem Tod von Richter Antonin Scalia im Februar 2016 anstand und dazu noch weitere solche Neubesetzungen in absehbarer Zukunft zu erwarten sind – drei weitere Verfassungsrichter sind um die achtzig Jahre alt –, war sicher ein Hauptmotiv für viele Konservative, Trump trotz aller Kontroversen oder persönlicher Abneigungen ihre Stimme zu geben. Doch darüber hinaus besetzte Trump im ganzen Land auch zahlreiche Richter in tieferen Instanzen. Mit allein zwölf Bundesberufungsrichtern berief er so viele wie kein Präsident vor ihm im ersten Amtsjahr – allesamt junge, konservative Juristen, was ebenfalls für Jahrzehnte die alltägliche Rechtsprechung beeinflussen wird.

Apropos Supreme Court: Es mag einige Anläufe gekostet haben (was der Regierung auch viel Häme einbrachte), aber nach mehreren Nachbesserungen akzeptierten die obersten Richter Anfang Dezember 2017 kommentarlos das generelle Einreiseverbot für Menschen aus bestimmten, vor allem muslimischen Ländern – ein Sieg für die Regierung. Und die im Wahlkampf versprochene Steuersenkung – die erste in diesem Ausmaß nach mehr als drei Jahrzehnten und von den Republikanern im Rekordtempo durch den Kongress gejagt, damit Trump sie noch vor Jahresende 2017 unterschreiben konnte – war sicherlich der lang ersehnte große legislative Erfolg, der die Partei mit ihrem Präsidenten vorerst versöhnte. Schließlich setzte er damit ein lang gehegtes Vorhaben der Republikaner um, das auch mein Schwiegervater als den zentralen Grund für seine Trump-Wahl angibt. Tatsächlich zeigt beispielsweise das drastische Absenken der Unternehmenssteuer von 35 Prozent auf 21 Prozent erste Auswirkungen: Bereits wenige Wochen nach dem Inkrafttreten der Reform kündigte der Tech-Gigant Apple an, große Teile seiner im Ausland gemachten Gewinne »nach Hause« zu holen – mit einer Steuernachzahlung von 38 Milliarden US-Dollar und dem Versprechen, 20000 Jobs in den USA zu schaffen.[25] Freilich handelt es sich nicht um – von Trump-Wählern heiß ersehnte – Industriejobs, das iPhone wird Apple weiter in Fernost herstellen lassen. Und es bleibt auch mehr als zweifelhaft, ob das durch die Steuersenkungen angekurbelte Wachstum ausreicht, um die zu erwartenden Steuerausfälle in Milliardenhöhe wettzumachen und die explodierende Staatsverschuldung zu bremsen. Dennoch bleibt es zumindest in der Außenwirkung ein Erfolg für Trump.

Das Freihandelsabkommen NAFTA auflösen zu wollen, wenn es keine besseren Konditionen für die USA gibt, erscheint mir zwar kurzsichtig. Die amerikanische Wirtschaft ist so eng mit der kanadischen und mexikanischen verzahnt, dass das Schätzungen zufolge 1,8 Millionen US-Jobs vernichten würde.[26] Den Vertrag aber grundsätzlich neu auszurichten und zu aktualisieren ist sinnvoll, schließlich wurde NAFTA in einer Zeit ausgehandelt, als es noch keine Handys oder Online-Handel gab.

Vor allem aber hat sich Trump ebenso verbissen wie erfolgreich darangemacht, Anordnungen von Barack Obama aus der

Welt zu schaffen. Es scheint das Leitmotiv seiner Präsidentschaft zu sein, das Vermächtnis seines Vorgängers auszulöschen, ja, es wirkt fast schon wie eine persönliche Vendetta
gegen den Mann, der ihn einst während des White House Correspondents' Dinner 2011 vor laufenden Kameras arg durch den
Kakao zog (was der Legende nach der Moment gewesen sein
soll, in dem Trump beschloss, aus Rache selbst Präsident zu
werden). Mit dem Anzweifeln von Obamas Geburt auf amerikanischem Boden beziehungsweise seiner US-Staatsbürger-
schaft – und somit seiner Legitimität als Präsident – begann
schließlich auch Trumps politische Karriere. Ob der Atom-
Deal mit dem Iran, das transpazifische Freihandelsabkommen
TPP, das Pariser Klimaschutz-Abkommen oder der Schutz vor
Abschiebung für diejenigen, welche als Minderjährige illegal
in die USA geschleust wurden – Trump ist dagegen, als sei er
grundsätzlich allergisch gegen alles, was auch nur nach Obama riecht. In gewisser Weise ist das konsequent, basierte doch
schon Trumps Wahl auf der Ablehnung der Politik und des
Wandels unter dem ersten schwarzen Präsidenten der USA –
Trumps Basis teilt die Aversion ihres Helden, und seine Politik
bedient nun seine Klientel. Da viele von Obamas Maßnahmen
vom republikanisch dominierten Kongress blockiert worden
waren, hatte dieser am Schluss fast nur noch per *executive order*, also per Dekret regieren können – was Trump mit einer
schwungvollen Unterschrift federleicht rückgängig machen
kann (allerdings wird umgekehrt Gleiches auch eines Tages für
viele von Trumps Dekreten gelten).

Konnte er auch Obamacare nicht ganz abschaffen, so torpe-
diert Trump es doch, wo er nur kann. Die Republikaner schnür-
ten in das Gesetzespaket zur Steuerreform die Abschaffung der
unter Konservativen verhassten Versicherungspflicht, die eine
Säule von Obamacare war. Auf dem gleichen Weg setzten sie

die Genehmigung durch, nun also doch in einem Naturschutzgebiet in Alaska nach Öl und Gas zu bohren. Außerdem verkleinerte Trump zwei Naturschutzgebiete im Südwesten der USA. Das in einer seiner letzten Amtshandlungen von Obama eingerichtete Schutzgebiet Bears Ears in Utah büßte gleich 85 Prozent seiner Fläche ein, um das Gebiet für die Nutzung durch Jäger und Farmer zu öffnen, und wohl auch, um die Suche nach Bodenschätzen zu ermöglichen. Ebenso hob Trump, sehr zur Freude vieler Konservativer, Obamas Stopp des Baus der umstrittenen Keystone XL-Ölpipeline auf.

Überhaupt der Umweltschutz. Wie Trump, der den Klimawandel als Erfindung der Chinesen abtat, ist auch der neue Leiter der amerikanischen Umweltschutzbehörde EPA, Scott Pruitt, ein überzeugter Leugner des Klimawandels beziehungsweise des menschlichen Einflusses auf das Klima. Als Justizminister des Staates Oklahoma hatte er die Behörde mehrfach wegen Überregulierung verklagt, nun kann er zahlreiche Regulierungen und Klimaschutzmaßnahmen von Präsident Obama einfach selbst zurückschrauben. Entsetzt haben Hunderte Mitarbeiter die EPA verlassen, aber auch das lässt sich als »Erfolg« verkaufen – die Regierung hält die Behörde ohnehin für aufgebläht. Ich kenne kaum ein besseres Beispiel für die Redewendung, »den Bock zum Gärtner machen«.

Zudem lockert die neue Regierung beständig Vorschriften und Regulierungen in vielen weiteren Bereichen, etwa im Finanzwesen oder beim Verbraucherschutz, und hofft dabei, dass die so begünstigten Unternehmen in der Folge für Jobs sorgen. Ob all dies sinnvoll ist, bleibt fraglich, aber Fakt ist: Die Arbeitslosenquote sinkt weiter, die Löhne legen erstmals seit Jahren wieder zu, die Wirtschaft boomt. 2017 lag das Wachstum bei stabilen 2,5 Prozent, in zwei aufeinanderfolgenden Quartalen sogar bei über 3 Prozent.[27] Kurz nach Trumps Amtseinführung knackte der Dow-Jones-Index die Rekordmarke von 20 000 Punkten, zum Jahrestag der Amtseinführung durchbrach er die sagenhafte Schallmauer von 26 000 Punkten – ein wahres Turbojahr für die Börse. Zwar stürzte der Dow Jones (neben anderen Indizes) Anfang Februar 2018 rekordverdächtig ab, stabilisierte sich aber wieder.

Das Auf und Ab der Börse ist kein unwichtiger Faktor, denn es wirkt sich nicht allein auf Großkapitalisten an der Wall Street aus, sondern auf Millionen Menschen in den USA. Anders als bei uns investieren Amerikaner grundsätzlich viel mehr in Aktien. Zudem basieren die meisten Altersvorsorgemodelle und Pensionssparpläne auf Aktienfonds. Wenn die Börse steigt, hat das also direkte Auswirkungen auf die Rente. Die Hausse nach Trumps Amtsantritt sorgte in wenigen Monaten für kräftige Anstiege auch in diesem Bereich. Dem ARD-Hörfunkstudio in Washington jubelte eine Trump-Anhängerin ins Mikrofon: »Der Aktienfonds für meine Altersversicherung hat in den vergangenen acht Monaten 45 000 Dollar an Wert gewonnen.« Das sind wahrlich keine Peanuts.

All dies ist natürlich nicht Trumps Verdienst, denn die Wirtschaft zieht schon seit einigen Jahren an. Aber zumindest behindert seine turbulente Präsidentschaft den Wirtschaftsaufschwung bislang nicht. Und Trump wäre nicht Trump, wenn er all diese Erfolgsmeldungen nicht ausschlachten und sich auf die Fahne schreiben würde. Von der Steuersenkung verspricht er sich gar noch bessere Zahlen.

Während also alle wie das Kaninchen auf die Schlange starren und sich von Trumps breitbeinigen Eskapaden ablenken lassen oder sich über das unmögliche Verhalten dieses populistischen Rammbocks echauffieren, findet in Wirklichkeit ein relativ leiser und – für eine nach außen so chaotisch wirkende Regierung – ziemlich effizienter fundamentaler Rechtsruck statt, ein konservativer *rollback* auf allen Ebenen, den sich viele Republikaner in ihren kühnsten Träumen nicht hätten vorstellen können. Sie bekommen allmählich das, was sie sich von der eher seltenen Konstellation, die Macht sowohl im Weißen Haus als auch in beiden Kongresskammern zu haben, versprochen hatten. »Es war ein Jahr erstaunlicher Erfolge für die Trump-Administration«, strahlte folglich der republikanische Mehrheitsführer im Senat, Mitch McConnell, zum Ende des ersten Amtsjahres.[28] Ob Steuersenkungen, die Einschränkung staatlicher Befugnisse oder der Bürokratieabbau – all das sind Dinge, welche Kernanliegen seiner Partei betreffen. Mit diesen Veränderungen richtet der Präsident das Land neu aus. Und je länger er dabei erkennbar im Sinne der Republikaner wirkt, desto sicherer kann Trump – bei aller auch im eigenen Lager vorhandenen Abscheu gegen seine Person – auf die wachsende Unterstützung der Partei im Kongress zählen.

Aus diesem Grund kann ich der Argumentation des konservativen Kommentators Christopher Buskirk einiges abgewinnen, der meint, das Enthüllungsbuch *Fire and Fury* habe Trump letztlich mehr genützt als geschadet. Natürlich werfen die saftigen Details, vor allem die von Ex-Berater Steve Bannon enthüllten, ein furchtbar schlechtes Licht auf seinen Apparat und dürften Trump sehr geärgert haben. Doch abgesehen davon, dass wohl einiges darin nicht ganz korrekt dargestellt wird, bestätigte das Buch letztlich nur das, was sowieso schon in ähnlicher Form bekannt war oder sich die meisten gedacht hatten. Trumps Anhänger schert das nicht, frühere Peinlichkeiten hatten sie ja auch nicht davon abgehalten, ihn zu wählen. Seine Basis hält das Buch entweder für eine weitere Attacke eines elitären Ostküstenschreiberlings, oder sie interessiert sich allein für das, was Trump für sie tun kann. Und da, siehe oben, passiert eben einiges. Jene, die ihn wählten, haben jedenfalls allen Grund, zufrieden zu sein.

Überdies, so Buskirk, habe die nach der Veröffentlichung prompt erfolgte Ächtung des Lästermauls Bannon – nicht nur in der Regierung, sondern auch in konservativen Kreisen, bis hin zu seinem Rauswurf bei *Breitbart News* – abschreckende Wirkung: »Politische Anführer müssen entweder gefürchtet oder geliebt werden. Trump hat gezeigt, dass seine Rivalen ihn fürchten sollten. Dieses Exempel hilft, die Koalition zwischen Präsident und Kongress weiter zu festigen, die sich nach Monaten des Genörgels und der Untätigkeit allmählich Ende letzten Jahres bildete.«[29] Solange das so bleibt und die republikanische Kongressmehrheit hält, ist alles Gerede über ein *Impeachment*, ein Amtsenthebungsverfahren, heiße Luft.

Ich werde in Deutschland oft sehnsuchtsvoll nach dieser Option gefragt. Aber zu den Mehrheitsverhältnissen im Kongress kommen noch weitere hohe Hürden hinzu, die ein solches Verfahren erschweren. Und wegen Inkompetenz ist noch keiner aus dem Amt gejagt worden. Ich sage an der Stelle dann immer scherzhaft, dass man die Hoffnungen auf ein baldiges Ende der Trump-Präsidentschaft eher auf seinen Cholesterinspiegel oder seinen Blutdruck setzen sollte.

Die gute Nachricht ist gleichzeitig auch die schlechte: Trump ist meiner Meinung nach kein Ideologe mit einem Masterplan für das Land, einer bestimmten Agenda oder mit dem Willen, eine perfide Diktatur zu errichten. Er mag impulsiv sein, erratisch, infantil, aber womöglich hat der Politikprofessor Paul Musgrave recht, der ihn einmal den »WYSIWYG-Präsidenten« nannte. *What you see is what you get*, sprich: Es ist genau so, wie es scheint. »Nach irgendwelchen verborgenen Komplotten zu suchen geht am Wesentlichen vorbei. Es gibt keinen Unterschied zwischen dem Trump auf der Bühne und dem hinter den Kulissen.« Denn: »Es gibt keinen Zauberer hinter dem Vorhang – nur einen alten, wütenden, widerlich ignoranten Mann.«[30] Ich halte ihn für einen Egoisten und Nihilisten, der keine Rücksicht darauf nimmt, welche Konsequenzen sein Handeln für andere hat. Insofern ist er äußerst pragmatisch, was immerhin die Möglichkeit eröffnet, dass er seine Drohungen und lautstarken Forderungen ohne Mühe fallen lassen oder auch parteiübergreifend handeln kann, wenn es ihm opportun erscheint. Bei den Themen Staatsverschuldung oder Immigration hat er bereits so agiert. Für ihn zählt allein, dass er der Welt anschließend von einem erfolgreichen »Deal« erzählen kann.

Das macht es gleichzeitig aber auch so schwierig, diese Präsidentschaft einzuschätzen. Die Generäle im Kabinett, allen voran Stabschef John Kelly, werden weiterhin versuchen, Trump einzufangen, womit sie dem Land und der Welt sicher einen großen Dienst erweisen. Allerdings bleibt die Frage offen, wie weit ihnen das gelingen wird. Schon die Tatsache, dass man auf diese Männer setzt, spricht Bände. Einer dieser Ex-Militärs, H. R. McMaster, ist als Nationaler Sicherheitsberater allerdings schon wieder von Bord gegangen. Möglicherweise, weil er dem Präsidenten zu viel contra gegeben hatte. Überhaupt warf Trump in seinem zweiten Amtsjahr, als er sich auch von Außenminister Rex Tillerson trennte, eine Reihe von Mitarbeitern raus, die sich trauten, ihm auch mal unbequeme Wahrheiten zu sagen. Beobachter in Washington haben den Eindruck, dass Trump dabei sei, sich »freizuschwimmen«. Aus seiner Sicht sind die Dinge schiefgelaufen, bei denen er auf seine Berater gehört hat. Mittlerweile hat er Erfahrung über die Abläufe gesammelt, fühlt sich weniger fremd im Amt und will sich wieder mehr auf seinen Instinkt verlassen. Doch welche Konsequenz hat es, wenn er sich nur noch mit bewundernden Ja-Sagern umgibt, die gemäßigten Stimmen um ihn herum weniger werden und Falken wie ein Außenminister Mike Pompeo und ein Nationaler Sicherheitsberater John Bolton Einfluss gewinnen? Was, wenn die dem Präsidenten weniger Banden aufzeigen und ihn vor allem eins sein lassen: Donald Trump?

Letztlich hängt viel davon ab, wie im November 2018 die Zwischenwahlen ausgehen werden. Diese werden als Referendum über Trumps Präsidentschaft dienen. Die Demokraten machen sich Hoffnungen, den Senat oder vielleicht sogar das Repräsentantenhaus zurückzugewinnen. Würde das gelingen, wäre Trumps Spielraum, den »Sumpf trockenzulegen«, sehr viel beschränkter. Vor allem aber wird von diesen Wahlen abhängen, wie dauerhaft und tief greifend der Schaden sein wird, den die Präsidentschaft von Donald J. Trump durch die beständige Erosion demokratischer Normen und Institutionen anrichtet – noch weit über seine Amtszeit hinaus.

Den gesellschaftlichen Diskurs hat diese Präsidentschaft also bereits geprägt. Die Auswirkungen sind real, die Verschiebung der Werte im Land findet statt. Und doch fließt weiter Wasser den Potomac hinunter, steht das Weiße Haus noch, und vor allem brummt unsere Stammpizzeria Comet Ping Pong wie eh und je. Nach dem *Pizzagate*-Vorfall mit dem bewaffneten Eindringling musste der Laden wegen der polizeilichen Ermittlungen kurzzeitig schließen, doch hätte die Reaktion der Nachbarschaft unmittelbar nach Wiedereröffnung großartiger nicht sein können. Aus Prinzip – und um die erschütterte Belegschaft zu unterstützen – kamen die Kunden in Scharen, es gab regelrechte Solidaritätsstammtische, die ein Zeichen setzen wollten: *Wir lassen uns von all dem Wahnsinn in diesen Zeiten nicht einschüchtern oder gar unseren Alltag wegnehmen* – ein beruhigendes Zeichen.

Als meine Familie und ich bei unserem Washington-Besuch nach einem Jahr Abwesenheit dort wieder einkehren, die Kinder sofort lärmend nach hinten zu den Tischtennisplatten stürmen und ich die lockere Atmosphäre auf mich wirken lasse, beschleicht mich sogleich ein entspanntes Gefühl von Heimkehr. Die tosenden Wogen, die das Land und die Hauptstadt durcheinanderwirbeln, sind plötzlich ganz weit weg. Vielleicht braucht man in der aktuellen Lage einfach ein paar Verlässlichkeiten. Die Gewissheit, dass sich manches nicht ändert, trotz allem. Meine Lieblingspizza haben sie jedenfalls auch noch auf der Speisekarte: *The Smokey*, mit extra viel Pilzen und geräuchertem Mozzarella.

# 3

# Anderland

Spritzen rollten über den Asphalt. In dem trüben orangefarbenen Licht, in das die Straßenlaternen die Brücke hoch über dem Ohio River tauchten, wirkten sie noch beklemmender. Auch ein paar leere Schmerzmittelbehälter fielen aus der umgestülpten Handtasche der jungen Frau, die Deputy Sheriff David Bocook während einer spätabendlichen Fahrzeugkontrolle im Frühsommer 2014 auf der Brücke angehalten hatte. Sein geschulter Blick hatte die winzigen frischen Einstichwunden an ihren Armen bemerkt.

Ich war verblüfft. Mein Kamerateam und ich begleiteten die Polizeistreife, um für den ARD-*Weltspiegel* einen direkten Eindruck zu bekommen von der Drogenmisere durch Opioide, welche die USA seit einigen Jahren erschüttert. Deputy Sheriff Bocook hatte im Vorgespräch nicht übertrieben – die zwei leeren Spritzen und die leeren Pillendosen in der Handtasche sprachen für sich. Aber dass wir gleich beim dritten angehaltenen Wagen fündig würden, hatte ich nicht erwartet.

Dabei hätte ich damals davon ausgehen können, schließlich befanden wir uns im Dreiländereck zwischen den Bundesstaaten Ohio, West Virginia und Kentucky, sozusagen dem *ground zero* der tödlichsten Drogenkrise in der Geschichte der USA. 2016 sind mehr Amerikaner an Drogen gestorben, als US-Soldaten im gesamten Vietnamkrieg gefallen sind; zwei Drittel davon hatten mit Opioid-Missbrauch zu tun. Jeden Tag sterben mehr als neunzig Menschen daran, es ist die Haupttodesursache für Amerikaner unter fünfzig.[31] Genau deshalb waren wir dort. Und doch war es schockierend, die Auswirkungen so hautnah mitzuerleben.

Die junge Frau erzählte uns mit Tränen in den Augen eine allzu bekannte Geschichte. Ihre Drogenkarriere habe durch Schmerzmittel nach einer Kaiserschnittgeburt begonnen: »Meine Einstiegsdroge waren Oxycodon-Tabletten. Ich hätte mir nie vorstellen können, deswegen eines Tages auf Heroin zu sein, wegen Schmerzmitteln einmal in so einer Situation zu stecken. Jedem Mädchen, das ich kenne, geht es wie mir. Eine meiner besten Freundinnen hatte sogar einen Uni-Abschluss und eine Stelle als College-Professorin. Jetzt ist sie tot – Überdosis.«

Tatsächlich beschränkt sich das immense Problem nicht auf irgendwelche verfallenen Innenstädte oder die Hügel und Täler verlassener und deprimierender Regionen im Hinterland. Es betrifft Menschen querbeet durch die Gesellschaft, Akademiker wie Handwerker, Arme wie Reiche, Schwarze wie Weiße, ländliche wie urbane Gebiete.

Der Ursprung dieser furchtbaren Entwicklung liegt in der Schmerzmittelaffinität der USA, einem Land, wo 4,5 Prozent der Weltbevölkerung etwa 80 Prozent der rezeptpflichtigen Schmerzmittel konsumieren.[32] Vor der Jahrtausendwende kamen sehr starke Schmerzmittel mit dem Opioid Oxycodon als Wirkstoff auf den Markt, insbesondere unter dem Markennamen *OxyContin*, kurz »Oxys« genannt. Sie sind hilfreich und lindernd für Krebspatienten im Endstadium, doch sie wurden zunächst verharmlost, dann schließlich vermarktet und verschrieben wie Aspirin. Mit verheerenden Folgen, denn diese Opioide machen extrem schnell abhängig. Nachdem das Rezept ausgelaufen war, spürten viele Menschen, dass sie nicht mehr ohne das Mittel leben konnten, und ein gigantischer Schwarzmarkt entstand. Doch diese Pillen sind teuer, also schwenkten viele Abhängige um: auf Heroin, weil dieses Opioid auf der Straße um ein Vielfaches billiger zu haben ist – und dieselbe Wirkung entfaltet, da es im Gehirn dieselben Rezeptoren anspricht. Plötzlich wurden also unbescholtene Familienväter oder Grundschullehrerinnen, die nach einer Knieoperation, einer Tennisverletzung oder einem kleinen Autounfall solche Schmerzmittel in Unmengen verschrieben bekommen hatten, zu Heroinjunkies. Als die Ärzte begannen, die Gefahr wahrzunehmen, und langsam weniger OxyContin verschrieben, war es zu spät, auch, weil »Oxys« mittlerweile zu einer verbreiteten Partydroge geworden waren. Die Folgen dieses Teufelskreises gehören zum Traurigsten und Bestürzendsten, über das ich als USA-Korrespondent berichtet habe.

Bevor Deputy Sheriff Bocook nach einer eindringlichen Verwarnung die junge Frau weiterfahren ließ, weil er keinen Stoff bei ihr gefunden hatte, erzählte sie uns noch, dass sie drei Kinder habe, die bei den Großeltern aufwüchsen. Auch das ist ein leider allzu bekanntes Phänomen. Am Tag zuvor hatten wir eine Großmutter interviewt, die sich um ihre zehnjährige Enkelin kümmerte, weil ihre Tochter, die Mutter des Mädchens, an einer Überdosis Schmerzmittel gestorben war. Da der Vater ebenfalls Drogen nahm, hatte die Oma das Sorgerecht erhalten: »Viele Großeltern in der Gegend hier ziehen ihre Enkel groß, weil die Eltern an Drogen gestorben sind, im Knast sitzen oder in der Entzugsklinik. Ich würde sagen, etwa 75 Prozent der Kinder leben bei den Großeltern. So schlimm ist es hier.«

Mit hier meinte sie die ländliche Gegend entlang des Ohio River, für die damals wie heute Bocooks Chef verantwortlich ist: Keith Cooper, der Sheriff von Greenup County, Kentucky. Auf der anderen Seite des Flusses liegt der Nachbarbundesstaat Ohio. Hier, in den Ausläufern der Appalachen, beginnt der *rust belt*, jene älteste und größte Industrieregion der USA, die so sehr mit dem Strukturwandel, den die moderne, globalisierte, digitalisierte Wirtschaft mit sich brachte, zu kämpfen hatte und noch immer hat. Die Namen der umliegenden Städte und Dörfer – Coal Grove, Ironton, Franklin Furnace – zeugen davon, was diese Gegend einst groß gemacht hat: Kohle, Eisenerz und Stahl. Es ist genau die Region zwischen Kentucky und Ohio, die J. D. Vance in seinem Bestseller *Hillbilly-Elegie* beschreibt. Diese »Geschichte meiner Familie und einer Gesellschaft in der Krise«, so der Untertitel, gilt zu Recht als eines der wichtigsten politischen Bücher der letzten Jahre. Eindrücklich beschreibt es die sozialen Folgen des Niedergangs der amerikanischen Industrie, die Donald Trumps Wahlsieg zumindest mit befördert haben. Hier ist tiefstes Trump-Land, hier leben viele der weißen »Unerschütterlichen«, der *Do-you-hear-me-now*-Wähler, die sich gesellschaftlich und kulturell abgehängt sehen, die sich politisch nicht mehr verstanden, nicht mehr vertreten und kaum noch als Teil des Amerikas fühlen, nachdem ihrer Meinung nach die Eliten an den Küsten das Land bis zur Unkenntlichkeit verändert haben.

In den Metropolen nennen sie die Bewohner von Käffern wie Greenup verächtlich *»white trash«*, weißer Abfall (dass viele dieser Menschen in dysfunktionalen Familienstrukturen leben, trägt zusätzlich dazu bei). Trump dagegen sprach im Wahlkampf nicht nur deren Sprache und stellte ihnen nicht nur endlich Besserung in Aussicht, er entlastete sie bequemerweise auch gleich noch: Nicht sie selbst seien schuld an ihrer Misere, vielmehr die anderen, die lange genug mit den USA Schlitten gefahren seien: China, Mexiko, die Immigranten, die Globalisierung, die

Freihandelsabkommen und natürlich Barack Obama, dessen liberale Politik und Umweltverordnungen Jobs im Bereich Kohle und Stahl zerstört hätten. *Make America Great Again!* Und weil sich in Trumps Tiraden auch immer ein gewisser rassistischer Unterton wahrnehmen ließ, hörten viele wohl auch *»Make America* White *Again!«.*

Vance macht in seinen Schilderungen aber nicht nur ökonomische Gründe für den Niedergang aus, sondern auch kulturelle. Wenn er etwa einen ordentlich bezahlten Lagerarbeiter beschreibt, der nicht in der Lage ist, seinen Job zu halten, weil er einfach zu unzuverlässig ist, ständig zu spät kommt oder endlos Pause macht – und dann wütend gegen den Chef auskeilt, warum der ihn denn feuere, warum *ihm* das angetan werde. Ursache und Wirkung würden auf diese Weise vertauscht auf Kosten der Eigenverantwortung, meint Vance: »Das Gefühl herrscht vor, dass man über sein Leben gar nicht verfügt, man gibt jedem anderen eher die Schuld als sich selbst.«[33] Schärfer formuliert es der konservative Kommentator Kevin Williamson: »Vergesst Eure Scheinheiligkeit in Bezug auf ums Überleben kämpfende Rust-Belt-Industriestädte und eure Verschwörungstheorien von listigen Asiaten, die unsere Jobs klauen. Die weiße amerikanische Unterschicht ist einer bösartigen, selbstsüchtigen Kultur zum Opfer gefallen, deren Haupterzeugnisse Elend und gebrauchte Heroinnadeln sind. Donald Trumps Reden geben ihnen ein gutes Gefühl. Genauso wie OxyContin.«[34] Vielleicht sind deshalb Trump und opioide Rauschmittel gleichermaßen »erfolgreich« in dieser Region.

Ich werde in meinem Leben wohl nie wieder so viele Oxys auf einmal sehen wie im Büro von Sheriff Keith Cooper. Neben seinem Schreibtisch stand einer dieser Gallonen-Container, in denen sonst Trinkwasser für die Wasserspender schwappt, der nun aber randvoll mit den unterschiedlichsten Pillen gefüllt war. Dort landeten die bei Festnahmen und Razzien konfiszierten Opioide – eine Art Trophäensammlung, ein Ansporn für ihn. Bei unserem Besuch war Cooper bereits seit mehr als vier Jahrzehnten Polizist, der Kampf gegen die Opioid-Seuche inzwischen seine Lebensaufgabe. Bei einer Fahrt durch sein Greenup zeigte er durch die Windschutzscheibe: »Hinter jeder Tür hier lebt eine Familie, die auf die eine oder andere Art von dem Problem berührt ist. Ohne Zweifel, so schlimm ist es!« Als ich ihn damals traf, brannte er für die Aufgabe, sich mit aller Macht gegen die Drogensucht zu stemmen, er sah sich und sein Team als vorderste Front im Kampf gegen diese Krise. Wenn sie auch nur einen retteten, hätte sich die Arbeit gelohnt, sagten sie mir damals.

Gut dreieinhalb Jahre und eine erdbebengleiche Präsidentschaftswahl später besuche ich Sheriff Keith Cooper wieder. Auf einer Reise durch Amerikas Rostgürtel will ich wissen, was sich seit der Wahl verändert hat in den »roten« Staaten von Trumpland und wie die Menschen dort mit dieser Präsidentschaft leben. Ich bin neugierig, ob und warum sie in seinen Hochburgen immer noch zu ihm halten oder doch inzwischen enttäuscht sind. Dabei mache ich auch einen Abstecher nach Greenup.

Als ich das Sheriff's Office – natürlich an der Main Street – betrete, kommen die Erinnerungen an den damaligen Dreh hoch, aber ich muss zweimal hinschauen: Ich erkenne Sheriff Cooper kaum wieder! Zwar ist er immer noch der drahtige, hagere Mann, der mich freudig begrüßt, aber statt seiner Uniform trägt der Vierundsechzigjährige jetzt ein altes, verwaschenes T-Shirt und ausgebeulte Jeans, dazu einen Dreitagebart. Die schlohweißen Haare sind nicht mehr kurz gescheitelt, sondern schulterlang und etwas zerzaust. Er sieht aus wie der schrullige Doc Brown in *Zurück in die Zukunft*.

Natürlich kennt ihn hier sowieso jeder, die Gemeinde hat ihn ja wieder und wieder ins Amt gewählt, er bräuchte also nicht einmal den Sheriff-Stern, der an seinem Gürtel hängt, um (an-)erkannt zu werden. Und dennoch wirkt es etwas komisch, wie Sheriff Cooper hier wie ein zotteliger Zivilist die Rolle des obersten Ordnungshüters nun ausfüllt. Sein Deputy Larry Pancake bemerkt meine Verwunderung und witzelt: »Wir nennen ihn hier nur noch ›Hippie‹!«

In Sheriff Coopers Büro steht immer noch die Pillen-Gallone, nur steht jetzt eine zweite randvolle daneben. Auf der Straße wäre das Zeug sicher Hunderttausende Dollar wert. Es sieht nicht so aus, als hätte das Problem nachgelassen.

Wie sich schnell herausstellt, spiegelt Coopers äußere Veränderung seine innere. »Tja, was soll ich sagen – ich hab mich gehen lassen«, scherzt er zunächst noch, dann wird seine Miene ernst. »Ich kann nicht mehr. Ich hab's einfach nicht mehr in mir drin.« Seine müden Augen blicken mich niedergeschlagen an, besiegt. Wenig ist geblieben vom kämpferischen Aufbäumen gegen die Drogenflut, vom entschlossenen Ausdruck, nicht aufzugeben, und sei es, um nur *ein* Leben zu retten.

»Ich hab's satt, ständig Leute gegen ihren eigenen Willen zu retten. Selbst wenn ich sie bei einer Überdosis mit dem Gegenwirkstoff Naloxone zurückhole, brüllen sie mich an, schlagen um sich und wollen ihren Kick wieder. Sollen sie sich doch zudröhnen. Ich werde es nie kapieren, auch nach 43 Jahren in dem Job nicht«, sagt er. Irgendwann habe er festgestellt, dass er in seiner Hilflosigkeit gegen das Drogenproblem innerlich abgestumpft, verhärtet sei, er nur noch gereizt und ohne Empathie für die Drogenopfer seinen Dienst tue. Daher habe er beschlossen, bei der nächsten Wahl zum Sheriff nicht mehr anzutreten: »Ich habe mein Bestes gegeben, aber es ist, als würdest du versuchen, einen Erdrutsch mit bloßen Händen aufzuhalten.«

Und dieser Erdrutsch hat seit unserem letzten Treffen noch einmal mächtig an Wucht gewonnen. Als ich am Vorabend in meinem Hotelzimmer wahllos den Fernseher anschalte, läuft gleich im ersten Sender eine einstündige Werbesendung für eine Entzugsklinik. In einer Gesprächsrunde erklärt ein Arzt, dass oft schon der erste Kontakt mit diesen Opioiden abhängig mache, ohne Hilfe von außen habe man keine Chance, sie wieder loszuwerden.

Sheriff Cooper gibt auch deshalb auf, weil er sich inzwischen einem plötzlich vermehrt auftretenden, übermächtigen Gegner gegenübersieht, von dem bei unserem ersten Treffen noch nicht die Rede gewesen war: Fentanyl. Dieses ist ebenfalls ein synthetisches Opioid, das in der Medizin als hochwirksames Narkose- und Schmerzmittel eingesetzt wird, etwa bei Operationen oder in der Palliativpflege. Es ist etwa hundertmal potenter als Morphin und mittlerweile zur Hauptsache für Amerikas Drogentote geworden! Denn Fentanyl ist nicht nur *noch* billiger als Heroin, es ist so stark, dass es bei sehr viel geringeren Mengen die gleiche Wirkung auslöst. Daher eignet es sich bestens zum Strecken. Die Dealer mischen es mit Mehl, Babypuder oder Backpulver – die Junkies werden trotzdem so high, als spritzten sie sich reines Heroin. Wird Fentanyl aber zu hoch dosiert oder nicht genügend in der gestreckten Drogenmasse verteilt, was leicht passieren kann, dann können sich sogenannte *hotspots* darin bilden. Und die sind absolut tödlich. Bei Oxys, so Cooper, wisse man wenigstens, welche Mengen in den Pharmapillen stecken, aber bei diesem neuen gepanschten Zeug von der Straße sei es wie russisches Roulette. Ein riskantes Spiel, bei dem Menschen quer durch die Gesellschaft verlieren – der Musiker Prince beispielsweise starb an einer Überdosis Fentanyl, ebenso der Sänger Tom Petty. Im Nachbarstädtchen Huntington, nur ein paar Meilen von Greenup den Ohio River rauf, schon in West

Virginia liegend, starben einmal 28 Menschen an einer Überdosis – an einem einzigen Tag. Die Rettungswagen, erzählt mir Cooper, hätten gar nicht mehr gewusst, wohin sie zuerst fahren sollten.

Umso zynischer erscheinen die Überlegungen der Regierungen von Nevada und Nebraska. Wie alle Staaten mit der Todesstrafe haben sie das »Problem«, dass ihnen zur Vollstreckung von Todesurteilen langsam die Medikamente ausgehen, weil Pharmakonzerne sie nicht mehr liefern – sie wollen einfach nicht mehr hinnehmen, dass mit ihren Produkten getötet wird. Also kamen Nebraska und Nevada auf die Idee, künftig bei Hinrichtungen einen Opioid-Mix mit dem so fatalen Fentanyl in die Todesspritze zu packen.[35] Während das ganze Land also verzweifelt versucht, zu verhindern, dass immer mehr Menschen Fentanyl zum Opfer fallen, greifen nun manche Justizbehörden zu genau diesem Mittel, um Menschen umzubringen! Immerhin stoppten Gerichte Ende 2017 die ersten geplanten Vollstreckungen mit dieser Methode, zumindest bis auf Weiteres. Aber auf die Idee muss man erst mal kommen ...

In Sheriff Coopers drastischer Desillusionierung schwingt die grundlegende Wut über die Lage des Landes mit, die Donald Trump im Wahlkampf so effizient angezapft hatte. Doch als ich ihn frage, was er denn vom aktuellen Präsidenten halte, winkt er ab: »Der Typ ist doch verrückt, er besudelt das Amt.« Gleichwohl, Trump sei eben eine unbekannte Größe gewesen und die Leute hätten gesagt, ach, was soll's, einen Versuch ist es wert. Sie würden mögen, dass er Geschäftsmann sei und sich nicht einschüchtern lasse, dass er *tough* sei, unnachgiebig, etwa gegenüber Nordkorea. Aber letztlich sei Washington ja auch sehr weit weg.

Zwar erkennt Cooper an, dass Trump die Opioid-Krise als ernstes Problem begriffen und deswegen den nationalen Notstand ausgerufen hat. Aber die sechs Milliarden Dollar, die er vom Kongress bis 2019 zur Bekämpfung der Krise zusätzlich angefordert hat, halten Experten für viel zu dürftig. Es bräuchte mindestens doppelt so viel.[36] Und außerdem: »Keine Mauer der Welt, so hoch er sie auch bauen will an der Grenze, wird den Drogenschmuggel unterbinden. Solange Amerikaner high werden wollen, solange wir nur das Angebot bekämpfen und nicht auch die Nachfrage, etwa durch Prävention und Therapien, wird das Zeug seinen Weg hierher finden.«

In einer Sache allerdings liegt der Sheriff ganz klar auf einer Linie mit seinem Präsidenten: beim Kniefall-Protest in der American-Football-Liga NFL. Da wird Cooper plötzlich richtig sauer. Die Geschichte ist ein hervorragendes Beispiel dafür, welch gutes Gespür Trump für wunde Punkte und gesellschaftliche Strömungen hat. Er weiß, welche Knöpfe er drücken muss, um die Leute bei der Stange zu halten. Angefangen hatte alles damit, dass einige schwarze Footballspieler aus Protest gegen den latenten Rassismus in den USA sowie die Polizeiwillkür und -gewalt gegen Schwarze ein Zeichen setzen wollten, indem sie während der vor jeder Begegnung gespielten US-Nationalhymne nicht mehr wie sonst üblich standen, sondern sich demonstrativ hinknieten. Mir ist zwar nicht so ganz klar, warum knien nicht genauso respektvoll sein soll wie stehen – immerhin blieben die Spieler nicht einfach auf der Bank sitzen, den Kniefall meinten sie gleichermaßen als Ehrerbietung. Aber die Athleten steckten landesweit harsche Kritik für ihre Aktion ein.

Zunächst blieb ihr Protest relativ begrenzt, nur ein paar wenige hielten das lange durch, und so schien die Sache fast schon wieder einzuschlafen. Bis Präsident Trump in einer seiner Reden forderte, man müsse diese »Hurensöhne« fristlos feuern für ihre Respektlosigkeit vor der amerikanischen Fahne und Hymne. Womit er den eigentlich nur noch glimmenden Funken zu einem landesweiten Flächenbrand anfachte. Denn viele Spieler solidarisierten sich nun mit ihren attackierten Kollegen, auch viele weiße; ganze Mannschaften gingen vor Spielen auf die Knie oder hakten sich wie früher bei den Bürgerrechtsmärschen unter. Was wiederum den Sturm der Entrüstung ins Unermessliche anschwellen ließ, auch bei Sheriff Cooper.

Nun pflegen die Amerikaner grundsätzlich einen wesentlich stolzeren Patriotismus als wir Deutsche, die entsprechenden Symbole sind den meisten heilig. Während bei uns eigentlich erst seit der Fußballweltmeisterschaft 2006 im eigenen Land das Schwenken der Nationalfahne einigermaßen unverfänglich ist, zieren die *Stars and Stripes* so ziemlich alles in den USA. Es ist in dieser außerordentlich heterogenen Gesellschaft und widersprüchlichen Alltagskultur, in der jemand aus Vermont mit jemandem aus Arizona oft noch weniger zu tun hat als wir mit den Finnen, eines der wenigen allgemein verbindenden Elemente und ein wichtiger symbolischer Kitt für den Zusammenhalt der Gesellschaft.

Durch die zahlreichen Kriege, die das Land unter dem *star spangled banner* geführt hat, sind Flagge und Hymne zudem eng verzahnt mit dem amerikanischen Militär. Das diese Fahne feiernde Lied basiert schließlich auf einer Schlacht im Krieg von 1812, als heldenmutige Soldaten der noch jungen US-Republik vor dem Hafen von Baltimore eine ganze Nacht lang dem Bombardement der Briten, der damals mächtigsten Seemacht der Welt, trotzten. Als der Morgen anbrach, wehte das Sternenbanner noch immer ungebeugt über Fort McHenry. Diese Episode gehört zum Gründungsmythos der Vereinigten Staaten, verewigt durch das Gedicht von Francis Scott Key, das zum Text der amerikanischen Nationalhymne wurde.

Wer einmal die volle Breitseite des amerikanischen Patriotismus erleben will, der sollte Fort McHenry besuchen. Auf dem Gelände dieses National Monument befindet sich ein sehenswertes Museum, in dem ein kurzer Film über besagte Nacht gezeigt wird. Und wenn die Amerikaner eins können, dann ist es Pathos zu inszenieren. Während am Ende des Films die Nationalhymne ertönt und alle Zuschauer aufstehen, wird die Leinwand hochgezogen und gibt durch ein breites Panoramafenster den Blick frei auf die originalen Wallanlagen des Forts und den Fahnenmast, an dem eine US-Flagge weht. Als neben mir in der Besuchergruppe ein alter Koreakrieg-Veteran sich mühsam erhob und ergriffen die Hand aufs Herz legte, musste ich auch kurz schlucken.

Amerikas Patriotismus ist tief verwurzelt im Respekt gegenüber dieser Flagge und dem Staat, den sie symbolisiert. Genau wie Neu-Amerikaner bei ihrer Einbürgerungszeremonie mussten auch meine Kinder in ihrer Grundschule jeden Morgen den *pledge of allegiance* sprechen, den Fahneneid: »Ich schwöre Treue auf die Fahne der Vereinigten Staaten von Amerika und die Republik, für die sie steht, eine Nation unter Gott, unteilbar, mit Freiheit und Gerechtigkeit für jeden.« Das mag man befremdlich finden, doch in den USA saugt man die Rituale um die Fahne quasi mit der Muttermilch auf. Streng genommen handelt es sich dabei auch nicht einfach um Folklore, sondern um gültiges US-Recht. Im Bundesgesetzbuch der USA gibt es ein eigenes Flaggengesetz, das den Umgang damit und die korrekte Etikette regelt, ebenso eines für die Hymne. Unter *Title 36 United States Code, § 301* steht unter anderem, dass beim Ertönen von »The Star-Spangled Banner« die Flagge von der ersten bis zur letzten Note stehend gegrüßt werden solle.[37] Zwar wird Zuwiderhandlung nicht strafrechtlich verfolgt – dagegen spricht schon das Recht auf Meinungsfreiheit (auf das sich die Footballspieler auch bezogen) –, aber es zeigt, wie ernst es viele Amerikaner damit nehmen. Und viele von ihnen sind Trump-Wähler.

Wenn also nach deren Meinung diese »undankbaren Athleten« zwar Millionen damit verdienen, Amerikas Nationalsport zu spielen, aber nun dieses Privileg missbrauchen, um politisch aktiv zu werden und bei der Hymne nicht stehen, dann empfinden viele Amerikaner dies als eine unerträgliche Respektlosigkeit gegenüber ihrem Land und seinem Symbol, der Flagge.

Ein rotes Tuch, auf das viele extrem empfindlich reagieren, vor allem genau die Wähler, die Trump mit seiner Botschaft *Make America Great Again* erreichte, die ja gleichfalls behauptet, dass den USA nicht mehr der gebührende Respekt entgegengebracht werde und Länder wie China nur noch über die Vereinigten Staaten lachten.

Auch Deputy Sheriff Larry Pancake nimmt das sehr persönlich – sein Vater, der unter dieser Flagge im Vietnamkrieg gedient hatte, war elendig an den Folgen des Einsatzes der Chemikalie Agent Orange gestorben. Larry spielt mir das YouTube-Video eines Liedes vor, das er gerade eigens komponiert, getextet und aufgenommen hat. Es trägt den Titel »*Get off your knee*« – »Hör auf zu knien«.

Dabei protestierten die Spieler ja gar nicht gegen die USA als solche, sondern gegen den Umgang mit Schwarzen in diesem Land. Ähnlich wie die Protestbewegung Black Lives Matter nicht ausdrücken will, dass das Leben von Schwarzen *mehr*, sondern dass es *überhaupt* zählt (übrigens eine weitere Spielart der Frage »*Do you hear me now?*«). Aber da sprechen beide Seiten stur aneinander vorbei, wie so oft in diesen Zeiten.

Bei seiner Anhängerschaft jedenfalls fand Präsident Trump breite Unterstützung und Applaus für seine Attacken, vermutlich auch darüber hinaus. Die NFL und das Militär pflegen seit jeher eine enge Bindung, der Sport ist unter Soldaten beliebt, zur Hymne trägt immer eine Ehrengarde die Flagge in die Stadien. Rund um den *Veterans Day* am 11. November haben alle Trainer und Betreuer einen Monat lang Flecktarn bei den Spielen an. Und natürlich fehlt beim Finale, dem Super Bowl, niemals der *flyover*, wenn zum fulminanten Abschluss der Nationalhymne eine Fliegerstaffel über das Stadion donnert. Die Schnittmenge von empörten Patrioten und Trump-Fans dürfte also beachtlich sein.

Zwar ebbte der Hymnen-Konflikt im Laufe der Saison wieder ab, doch da hatte Sheriff Cooper auch selbst schon abgeschaltet. Buchstäblich. »Ich habe früher jedes Wochenende Football geguckt, auch, um mal eine Pause von all dem Mist zu bekommen«, sagt er sauer und zeigt auf die Oxy-Container, »aber jetzt ist sogar der Sport politisiert.« Und aus Protest gegen den Knie-Protest hat er beschlossen, nie wieder Football einzuschalten. Stattdessen schaut er jetzt europäischen Fußball, von dem die Sportsender immer mehr zeigen. »Am liebsten Premier League und Bundesliga. Meine Teams sind Liverpool und Bayern München!« Das nenne ich Globalisierung – Bayern-Fans mitten in den Appalachen.

In Johnstown, Pennsylvania, 500 Kilometer weiter nordöstlich, merke ich ebenfalls, dass Trump da geschickt einen Nerv getroffen hat. Der Bundesstaat war wie Ohio eine Säule von Trumps Wahlsieg. Die Clinton-Kampagne hatte sich bis zuletzt auf Pennsylvania konzentriert, ihre Abschlusskundgebung am Vorabend der Wahl hatte dort stattgefunden, genauso wie der Nominierungsparteitag der Demokraten. Es nützte nichts – als Pennsylvania in jener Wahlnacht Trump zufiel, war sein Sieg so gut wie besiegelt.

Unsere Autofahrten zu Familie und Freunden in Chicago, Cleveland und Wisconsin führten uns immer quer durch

Pennsylvania. So malerisch die dicht bewaldeten Appalachen-Kämme besonders im Herbst auch sein mögen – oft sind wir an Kleinstädten in irgendwelchen Tälern oder an weitläufigen Farmen vorbeigefahren mit dem Gedanken: Bitte nicht hier eine Panne haben. Viele dieser Orte machten auf uns einen trostlosen, deprimierenden Eindruck.

Johnstown mit seinen 20000 Einwohnern ist so ein Ort. Schon beim Hineinfahren fallen mir die vielen zugenagelten, verfallenen Häuser auf, die typischen Kennzeichen des Niedergangs nach längst vergangenen Blütezeiten. Johnstown ist in seiner Geschichte mehrfach von schweren Überschwemmungen getroffen worden, doch die Stahlhütten der Kleinstadt sorgten immer wieder für Aufschwung. Das ist lange her. Damals wurde auch eine der Attraktionen der Stadt gebaut, die Johnstown Inclined Plane, die sich als die steilste Standseilbahn der Welt rühmt. Von oben hat man einen großartigen Ausblick auf das enge Tal. Doch was nützt der tollste Ausblick, wenn die Perspektiven fehlen?

Jackie Kulback empfängt mich in ihrem Büro von Gautier Steel, einem der letzten Stahlbetriebe der Stadt; um die hundert Menschen arbeiten noch hier. Es befindet sich auf einem gigantischen Fabrikgelände im Zentrum von Johnstown. Die großen, düsteren Hallen voller Industrieromantik sind beeindruckende Zeugen alter Stahlkochertradition. Gespenstisch dunkel liegen sie da, wie Ruinen, keine Aktivität ist erkennbar. Erst als ich um die Gebäude herumfahre, fällt Licht aus einem Seitenflügel.

Kulback, Mitte fünfzig, ist die Finanzchefin von Gautier Steel, eine Führungskraft – es sind eben nicht nur die Abgehängten, die Langzeitarbeitslosen, die ökonomischen Verlierer, die sich für Trump begeistern. Mit ihrer burschikosen Kurzhaarfrisur und ihrem robusten, aber herzlichen Blick macht die

Republikanerin den Eindruck, als sei sie hart im Nehmen. Doch als wir auf den NFL-Spielerprotest zu sprechen kommen, wird sie plötzlich sehr emotional. »Mein Vater kämpfte in Korea, ein Onkel von mir starb im Zweiten Weltkrieg. Wer die Flagge nicht respektiert, respektiert auch all die Menschen nicht, die für unser Land gestorben sind«, findet sie und kämpft beim Gedanken an den Verlust in ihrer Familie mit den Tränen. Dass Trump es mit der so beliebten NFL aufgenommen habe, zeige, wie wichtig ihm Patriotismus sei. Und bedingungslose Liebe für das Land zu zeigen kommt im ehemaligen Stahl- und Kohlerevier, im *heartland*, gut an. Das Football-Team der Region sind, klar, die Pittsburgh Steelers. Kulbacks Vater zählte zeitlebens zu deren größten Fans. Doch seit bei einem Spiel das ganze Team erst *nach* der Hymne aus der Kabine kam (auf Anordnung des Cheftrainers, der damit versuchte, der Kontroverse aus dem Weg zu gehen), hat auch er empört und enttäuscht beschlossen, nie wieder Football zu schauen.

Dass Trump Pennsylvania gewann, obwohl Clinton in Umfragen vor der Wahl weit in Führung lag und die vielen *blue collar workers*, die Arbeiter im Bundesstaat, doch eigentlich klassisches Wählerpotenzial für die Demokraten und ihre Umverteilungsprogramme sind, hat die Managerin selbst ein wenig überrascht. Aber eben nur ein wenig: »Im Fernsehen ist die ganze Energie, der Enthusiasmus der Leute hier für Trump gar nicht rübergekommen. Aber es war gigantisch. Als ich den Vorsitz der örtlichen Republikaner übernommen habe, haben wir eine Wahlkampfveranstaltung gemacht, und mehr als 1300 Leute standen plötzlich Schlange, nur um ein Wahlplakat für ihren Vorgarten zu bekommen.« Früher war Johnstown fest in demokratischer beziehungsweise in Gewerkschaftshand – 2016 aber gewann Trump den Wahlkreis mit mehr als 67 Prozent. Er kam im Wahlkampfendspurt sogar persönlich nach Johnstown, sprach in der randvollen örtlichen Eishockeyhalle. »Er hat Hoffnungen geweckt, zeigte Empathie für die Arbeiter. Er hat die Leute elektrisiert«, schwärmt Kulback von der Begegnung.

»Aber Trump hat doch auch furchtbare Dinge gesagt, polarisierend und peinlich ...«, entgegne ich.

»Wir sagen alle mal Dinge, die wir bereuen. Wir wollten einen radikalen Wechsel, keinen Status-quo-Politiker. Und er ist direkt, nicht so gestellt.«

»Aber da ist auch viel heiße Luft dabei, er hat doch so gut wie nichts bewegt, trotz republikanischer Mehrheit im Kongress.« (Die Steuerreform war zu diesem Zeitpunkt noch nicht verabschiedet.)

»Das liegt an den Establishment-Politikern der GOP. Ich bin sehr enttäuscht, wie die Republikaner den Präsidenten im Stich lassen.«

»Aber es kann ja nicht nur darum gehen, das Establishment in Washington aufzumischen. Was ist, wenn sich die ganzen Wahlversprechen nicht erfüllen und die Situation hier so bleibt, wie sie ist?«

»Selbst wenn Trump den Rest seiner Amtszeit nur noch golfen würde, eins kann ihm keiner nehmen: die Nominierung eines konservativen Richters für den Supreme Court. Neil Gorsuch wird den Rest seines Lebens dort sitzen. Wenigstens das ist ein Sieg.«

»Aber Trump scheint nicht viel von Gewaltenteilung zu halten und attackiert die freie Presse.«

»Die Medien geben ihm keine Chance. Ich habe schon gar keine Lust mehr, Nachrichten zu schauen.«

»Aber er kann die Uhr auch nicht zurückdrehen. Kohle und Stahl werden hierzulande nun mal nicht mehr so boomen wie früher ...«

»Das mag sein, aber vor wenigen Wochen zum Beispiel hat

hier in der Nähe die Acosta-Mine, eine stillgelegte Kohlegrube, wieder aufgemacht. Hundert neue Jobs. Das ist unter Trump passiert, er hat das Klima dafür geschaffen, für neuen Optimismus.«

»Aber noch mal zu seinem Ton und seinem Auftreten. Ist das wirklich die Art und Weise, wie sich Ihrer Meinung nach der Präsident der Vereinigten Staaten verhalten sollte?«

»Gut, ich wünschte auch, er würde so manche Tweets sein lassen. Hat er nicht Wichtigeres zu tun? Und ja, er ist ein *bully*, ein brutaler Typ. Aber wenigstens ist er *unser bully*. Endlich einer, der für meine Seite kämpft!«

Das bringt es auf den Punkt. Das Gefühl, auf dem Schulhof ständig verkloppt worden zu sein, immer einstecken zu müssen, bis endlich ein Schulhofrüpel sich hinter *dir* aufbaut und, egal wie heftig oder rücksichtslos, nun die anderen verdrischt. Um an diesem Punkt angekommen zu sein, muss sich schon über Jahre hinweg eine Menge Wut und Frust aufgebaut haben.

Aber was, wenn am Ende selbst diese letzte Chance, diese »nukleare Option«, die Amerikas Politik durcheinanderwirbelt, verpufft? Wenn nach dieser Bulldozer-Präsidentschaft die Misere von Orten wie Johnstown keineswegs gelindert sein wird? »Ein unheimlicher Gedanke«, sagt sie nachdenklich. »Ich weiß es nicht ...«

Unser Gespräch ist engagiert, aber stets freundlich. Jackie Kulback macht einen alles andere als verbitterten Eindruck. Sie scheint geradezu amüsiert über mein Interesse zu sein. Und so verabschiedet sie mich auch mit einem aufmunternden Gedanken: »Die Kompromissbereitschaft sinkt, aber wir müssen in diesem Land wieder offen dafür sein, die Mittelwege zu suchen, sonst wird es düster. Hoffentlich finden wir dahin zurück. Ich werde mich dafür einsetzen.«

Der diametrale Gegensatz zu Johnstown (und das nicht nur, weil Hillary Clinton den Wahlkreis gewann) liegt in Pennsylvania bloß anderthalb Autostunden weiter westlich: Pittsburgh. Einst die wichtigste Metropole der US-Stahlindustrie (daher auch der Name des hiesigen Footballteams), hat die zweitgrößte Stadt des Staates den Niedergang dieser Branche ebenfalls hautnah miterlebt, aber dank großer Anstrengungen einen bemerkenswert erfolgreichen Strukturwandel hingelegt. Statt Kohle und Stahl bestimmen jetzt Banken, Dienstleister, Biotechnologiefirmen, IT-Unternehmen und akademische Einrichtungen wie die University of Pittsburgh oder die Carnegie Mellon University mit ihren Forschungszentren den Puls der Stadt.

Als Präsident Trump ankündigte, aus dem Pariser Klimaschutzabkommen auszusteigen, unter anderem zugunsten der fossilen Energien, unterstrich er das mit der Aussage, er sei schließlich gewählt worden, um »die Bürger von Pittsburgh zu repräsentieren und nicht die von Paris«. Entweder wollte er die Alliteration um jeden Preis verwenden, oder er hat diesen langjährigen Strukturwandel nicht mitbekommen. Jedenfalls erwiderte der Bürgermeister von Pittsburgh umgehend, dass er diese Art von Hilfe nicht brauche und seine Stadt auf jeden Fall an den Klimaschutzzielen von Paris festhalten werde.

In Pittsburgh wohnt mittlerweile auch meine frühere Mitbewohnerin aus Bostoner Uni-Tagen mit ihrem Mann und den beiden Kindern. Grace ist eine erfolgreiche Anwältin, und während ich immer grauer geworden bin, hat sie sich in meinen Augen kein bisschen verändert in den vergangenen zwanzig Jahren. »Asiaten altern eben besser«, sagt sie, die Tochter koreanischer Einwanderer, mit einem Augenzwinkern. Wir haben früher über alles Mögliche geredet, aber, wenn ich mich recht erinnere, nicht allzu viel über Politik. Die größte Frage in diesem Bereich schien damals lediglich darin zu bestehen, ob der

Präsident nun eine Affäre mit einer Praktikantin gehabt hatte oder nicht.

Jetzt aber bin ich kaum durch die Tür, da reden wir auch schon über den aktuellen Präsidenten. Was die Deutschen denn über Trump dächten? Wo das meiner Meinung nach enden werde? Wer hätte je gedacht, dass man einmal George W. Bush nachtrauern würde? Diese Präsidentschaft politisiert so gut wie alle Lebensbereiche, nicht nur Footballspiele.

Ihr Mann winkt ab – weil er beide Kandidaten furchtbar fand, hat er gar nicht erst gewählt: »Die USA funktionieren mehr oder weniger auch so, wir haben derzeit zwar keine richtige Führung, aber was für einen Unterschied macht das in unserem Alltag wirklich?«

»Zum Beispiel, dass ich jetzt fast täglich genervt bin«, wirft Grace sofort ein.

Wen sie gewählt hat, ist ziemlich offensichtlich, nicht nur, weil sie mit dem Wellesley College dieselbe Uni wie Hillary Clinton besucht hat. Politik sei in ihrer Familie selten ein Thema gewesen, sie habe sich nie groß dafür interessiert. Aber nun versuche sie »mit Leib und Seele« informiert zu bleiben. Zu dem versöhnlichen Ton, den Jackie Kulback in Johnstown am Ende anschlug, kann sie sich aber (noch) nicht durchringen: »Ich weiß, das ist eine furchtbare Voreingenommenheit, aber ich habe einfach kein Bedürfnis, mich mit Leuten zu treffen, mit ihnen zu diskutieren, die Trump gewählt haben könnten.« Grace ist sich durchaus bewusst, dass sie den Dialog mit Trump-Anhängern suchen müsste, um ihren Teil zur Überwindung der Spaltung beizutragen und Kompromisse zu finden. »Aber was könnten wir besprechen? Da ist eine so große Barriere, es ist, als seien sie von einem anderen Planeten. Ich finde es nur noch abstoßend, was in dieser Regierung passiert.«

Ich frage mich, wie das Land die tiefe Spaltung, die ja schon vor Trump existierte, unter diesen Umständen jemals überwinden soll. Man muss die andere Seite nicht unbedingt verstehen – und in diesem Fall gibt es gute Gründe dafür –, aber wenn man nicht einmal über die Gräben hinüber blickt, dann wird es fast unmöglich, sie irgendwann zu überbrücken. »Solange Trump weiter alles so aufmischt«, sagt Grace, »kann man das auch nicht.«

Wenn es schon einen solchen Riss zwischen nahe beieinander gelegenen Orten innerhalb eines Bundesstaates gibt, wie groß muss er dann erst im Land als Ganzem sein? Ich mag mir gar nicht ausmalen, wie die USA nach weiteren vier Jahren Trump aussehen werden, sollte er 2020 wiedergewählt werden. Kein Zweifel, diese Präsidentschaft hinterlässt jetzt schon tiefe Spuren.

Überflüssig zu erwähnen, dass das Thema Politik auch in Grace' Familie gemieden wird. Sie umgeht es tunlichst, wenn an Weihnachten ihre eher konservativen Schwiegereltern zu Besuch kommen. Mit ihren eigenen Eltern spricht sie sowieso selten über Politik. Sie wohnen mittlerweile in der Nähe, der Enkel wegen, und sind an diesem Abend zum Essen gekommen. Sie wählen traditionell republikanisch – das republikanische Credo, seines eigenen Glückes Schmied zu sein, haben oft gerade Einwanderer verinnerlicht.

Doch mich interessiert weniger ihre grundsätzliche politische Ausrichtung als vielmehr ihre Einschätzung zu Trumps Umgang mit Nordkorea. Denn die beiden sind sozusagen Vorreiter der koreanischen Wiedervereinigung. Grace' Vater kommt aus dem Süden, aus der Nähe von Seoul, ihre Mutter stammt ursprünglich aus dem Norden. Während des Koreakrieges floh sie als Kind mit ihrer Familie nach Südkorea. Dort lernte sie später ihren Mann kennen, sie wanderten gemeinsam in die USA aus.

Die scharfe Rhetorik gegen Machthaber Kim Jong-un, dieses riskante Säbelrasseln müsste die beiden doch besonders beunruhigen. Zumindest bei uns in Deutschland sei die Sorge darüber immens, berichte ich. Doch sie winken ab, auch ihre Familie in Südkorea sei prinzipiell nicht beunruhigter als sonst: »Seit dem Koreakrieg herrschen dort doch ständig Spannungen. Das war unter den vorherigen Kims auch nicht anders.« Ja, aber die hätten keine Atomwaffen bei diesem »Spiel« im Arsenal gehabt, erwidere ich. »Aber der Verrückte [gemeint ist Kim Jong-un] versteht keine andere Sprache.«

Es ist offensichtlich, dass die Eltern den knallharten Kurs des US-Präsidenten befürworten. Und ich frage mich, ob sie – so groß das Risiko einer Eskalation, selbst eines versehentlichen Vorfalls mit fatalen Konsequenzen auch ist – nicht vielleicht recht haben? Die Eindämmungs- und Sanktionspolitik von Trumps Vorgängern konnte schließlich auch nicht verhindern, dass Nordkorea zur Atommacht wurde. Und das innerkoreanische Tauwetter, das rund um die Olympischen Winterspiele in Pyeongchang eingesetzt hat, geht ja vielleicht zum Teil auch auf den unberechenbaren Druck aus Washington zurück – man kann es zumindest nicht ausschließen. Vielleicht hat der Harvard-Professor Joseph Nye recht, wenn er sagt: »Manchmal ist *hard power* in Form von Garstigkeit effektiver als *soft power*.«[38]

Ich bleibe bei meiner Skepsis, doch da lacht Grace' Vater wieder mit diesem schwer zu deutenden Wir-werden-sehen-Ausdruck im Gesicht. Und reicht mir die Schüssel mit dem selbst gemachten Kimchi.

Außenpolitik ist nicht gerade das, was den Menschen in Youngstown, Ohio, unter den Nägeln brennt. Auch diese Stadt gleich hinter der Grenze zu Pennsylvania ist ein typisches Beispiel für den Niedergang der amerikanischen Schwerindustrie.

US-Rocklegende Bruce Springsteen verewigte das Schicksal der Menschen dort im Song »Youngstown«: *»Well, my daddy worked the furnaces, kept 'em hotter than hell /...| Them smokestacks reachin' like the arms of God, into a beautiful sky of soot and clay.«* – »Mein Papa arbeitete an den Hochöfen, hielt sie heißer als die Hölle /...| Die Schlote reichten wie die Arme Gottes in einen schönen Himmel aus Ruß und Lehm.« Doch die Hochöfen brennen längst nicht mehr heiß wie die Hölle, und wenn Schornsteine noch in den Himmel ragen, dann meist nur noch als Denkmäler. Was passiert, wenn eine Stadt sich in wirtschaftlicher Blüte ausdehnt und dann rapide schrumpft, wenn von einst 170 000 Einwohnern nur noch rund 66 000 übrig bleiben, kann man besonders gut im Südostteil der Stadt erleben. Hunderte Häuser stehen leer, verfallen, bilden Brutstätten für Armut, Drogenhandel und Kriminalität; seit Jahren kommt die Stadt mit dem Abreißen kaum hinterher.

Meine Kollegin Ina Ruck war vor der Wahl hier, um einen Beitrag über dieses Kernland der Trump-Wähler für die *Tagesthemen* zu produzieren, und traf damals den Unternehmer Kenny Greco, der in dieser rauen Gegend von Youngstown einen Wertstoffhof betreibt: Southside Recycling. Von alten Weihnachtsbaumlichtern bis Fahrradrahmen – Kenny und seine Crew verwerten so gut wie alles, ständig kommen Leute vorbei und laden aus. Viele sind Rentner, die sich mit Altmetallrecycling über Wasser halten. Kenny, ein Hobbymusiker, hat sein gut laufendes Geschäft bewusst dort aufgemacht, um in der Nachbarschaft ein Zeichen zu setzen.

Damals erzählten sie meiner Kollegin, sie würden für Trump stimmen. Der hatte bei seinen Wahlkampfauftritten in Youngstown mit einer so simplen wie effektiven Frage gepunktet: »Ihr wählt seit Jahrzehnten demokratisch – und, wie gut seid ihr damit gefahren?« An Clinton hatte sie vor allem gestört, dass sie einen Sieg hier, in der einstigen Gewerkschafts- und Demokraten-Hochburg, für selbstverständlich angesehen habe. Diese als Arroganz empfundene Haltung kam gar nicht gut an, genauso wenig wie ihre (wenn auch etwas aus dem Zusammenhang gerissene) Aussage, zugunsten von erneuerbaren Energien eine Menge Beschäftigte in der Kohleindustrie arbeitslos machen zu wollen. Mit Trumps ungehobeltem Stil dagegen konnten sie etwas anfangen. »Wenn du dein Leben lang Scheiße frisst und sie dir als Lösung anbieten: ›Gewöhn dich halt einfach an den Geschmack‹, dann hast du irgendwann die Schnauze voll«, beschreibt Kenny Greco die Frustration darüber, dass die Demokraten jahrelang ein Versprechen nach dem anderen brachen.

Mehr als ein Jahr nach Ina besuche ich die Southside-Recycling-Crew, weil ich wissen möchte, ob sie ihre Wahl bereuen – und kann die Antwort schon an ihren Gesichtern ablesen: Keinem einzigen tut seine Entscheidung leid. Überhaupt ist es gar nicht so leicht, Trump-Wähler zu finden, die ihre Wahl bedauern. Wer damals schon für ihn war, ist es jetzt meist erst recht. Von einer Bewegung sprechen sie hier.

»Ich war mein Leben lang Demokrat – nie wieder!«, sagt ein Vorarbeiter, »jeder meiner Bekannten, der Demokrat war, hat für die Republikaner gestimmt!« Aber die verschwundenen gut bezahlten Industrie-Jobs, die eine ganze Familie ernährten und das Studium der Kinder finanzierten, kämen doch nicht einfach so zurück, nur weil einer das Blaue vom Himmel verspreche, entgegne ich, die Zeiten der Stahlindustrie, wie wir sie kannten, seien vorbei. Schon, nickt er, aber er habe genug von dem ständigen bullshit gehabt, und Trump sei nun mal ein Geschäftsmann, er stehe für Wechsel. Und unter gewissen Umständen müsse man halt manchmal etwas gröber durchgreifen.

Wen ich auch frage in der gigantischen, zugigen Lagerhalle, vom Gabelstaplerfahrer bis zum Wachmann, sie alle bringen ähnliche Argumente vor: Trump habe den Kongress gegen sich. Die voreingenommene Presse führe eine Hetzkampagne gegen ihn. Man solle ihm doch wenigstens eine Chance geben. Es sei noch zu früh, um ein endgültiges Urteil zu fällen. Er zeige klare Kante, verkörpere Stärke, ihm seien das Militär und die Veteranen – viele hier sind welche – wichtig.

Es erscheint mir fast so, als wollten sie seine großspurigen Wahlversprechen um jeden Preis glauben. Vielleicht bleibt ihnen auch gar nichts anderes übrig, denn daran, was es hieße, wenn sie auch diesmal enttäuscht würden, mag keiner denken. Die Zukunft macht Angst, die vermeintlich so gute Vergangenheit wird verklärt. Das wichtigste Wort in *Make America Great Again* ist wohl das letzte:»wieder«.

Einzig der Chef, einst Bill-Clinton-Wähler, konnte sich nicht durchringen zu wählen, konnte weder »Pest« noch »Cholera« seine Stimme geben. Und Greco findet Trump nach wie vor grauenvoll:»Er ist wie ein bockiges Kind, er ist extrem, ignorant, ungehobelt. Ich hasse es, wie kleinlich er ist, so wenig würdevoll.« Aber auch er muss zugeben, dass sich seit der Wahl etwas bewegt – und zwar nicht hin zum Schlechteren. Die boomende Wirtschaft spürten auch Kleinunternehmer wie er, Greco spricht sogar von einem »Trump-Effekt«. Vor der Wahl hätten verunsicherte Unternehmen viele Bestellungen oder Investitionen zurückgehalten. Unter dem deutlich businessorientierten Kurs von Trump dagegen hätten viele jetzt wieder Kredite aufgenommen, Geld in Projekte und Aufträge gesteckt; der Abbau zahlreicher Regulierungen, besonders von Umweltauflagen, habe befreiend auf die Wirtschaft gewirkt. Und die drastische Senkung der Unternehmenssteuer um deutlich mehr als ein Drittel werde das noch weiter anfachen. So eine optimistische Stimmung habe er in Youngstown seit Jahren nicht mehr gespürt, erzählt er.»Wer derzeit hier keinen Job findet, ist selbst dran schuld oder sich zu fein für ehrliche Arbeit.« Mein Schwiegervater und Kenny Greco würden sich prächtig verstehen.

Trumps Präsidentschaft basiert sicher nicht allein auf der Säule Wirtschaft, es kommt auch die bereits beschriebene kulturelle Komponente hinzu und vermutlich auch eine rassistische – die Konföderierten-Flagge weht auch hier, wo einst die Kanonen der Unionstruppen gegossen wurden. Aber die ökonomische ist zentral und erklärt, warum so viele in Trumps Basis über so manches andere hinwegsehen. »Wenn sie ihm nur Twitter wegnehmen könnten, dann hätten wir nur halb so viel Aufregung und Diskussionen«, ist sich Recycle-Unternehmer Kenny Greco sicher. Tja, wenn ...

Es kam nach der Wahl der Vorwurf auf, wir Journalisten hätten nicht richtig hingeschaut und seien vom Wahlausgang überrascht worden, weil wir zu sehr in unserer Hauptstadtblase gefangen gewesen seien. Diesen Vorwurf habe ich nie ganz nachvollziehen können. Wir waren oft unterwegs, haben »im Land« Menschen interviewt und auf Trump-Veranstaltungen Kameras und Mikros hingehalten. Vermutlich war es eher so, dass wir uns trotz der Dinge, die wir sahen und hörten, dieses Ergebnis einfach nicht vorstellen konnten.

Unfassbar war auch das Bild, das sich meinem Kamerateam bot, als es ein gutes halbes Jahr vor der Wahl in North Canton, Ohio, mit einem Trump-Anhänger der ersten Stunde drehte. Ralph Case war eine Hauptfigur des Films »Donald Trump – Milliardär ohne Tabus«, den ich gemeinsam mit dem New Yorker ARD-Korrespondenten Markus Schmidt für den WDR produzierte. Die Sehnsucht nach einem starken Mann, der aufräumt und Amerika wieder das Siegen beibringt, spürte nicht nur Case. Er stellte uns beim Dreh seine Mitstreiterin Mary vor, die ihr Pony Dreamcloud, von oben bis unten mit Trump-Schildern behängt, in ihrem Vorgarten grasen ließ. Das Bild dieses bedauernswerten Vierbeiners gehört zu einem der absurdesten in meiner an Skurrilitäten reichen Erinnerung an diesen Wahlkampf.

Als ich Case nun, anderthalb Jahre später, besuche, zeigt er mir Marys neuesten »Streich«: An Halloween hatte sie den Vorgarten spektakulär mit Monstern und Skeletten verziert. Am Gartenteich angelte tatsächlich ein Knochenmann mit Trump-Maske und hatte einen Totenkopf mit Kim-Jong-un-Maske am Haken. Wenigstens muss das arme Pony nicht mehr als wandelnde Werbetafel herumlaufen.

Ralph Case war von dem Moment an *hooked*, also angefixt, als er den erfolgreichen Geschäftsmann Donald Trump die Rolltreppe im gülden-marmornen Foyer seines Wolkenkratzers hinabfahren sah, um seine Kandidatur anzukündigen: »Er hätte sich das ja nicht antun müssen, er hatte ein gutes Leben, aber er tat es, weil er dieses Land liebt.« Wie viele Trump-Fans war Case zuvor politisch nicht besonders engagiert gewesen und wählte – wenn überhaupt – immer das, was sein Vater ihm vorgab. Diesmal war es anders. Jetzt wollte er unbedingt dabei sein und machte sogar kurzzeitig ein Wahlkampfbüro in einer örtlichen Mall auf. Case war einer jener glühenden Anhänger, die den Medien vorwarfen, Trump zwar beim Wort, aber nicht ernst zu nehmen, während er ihn ernst nahm, aber nicht immer beim Wort. Auf die Frage nach all den unrealistischen Wahlversprechen hatte er damals geantwortet: »Ich will gar nicht wissen, wie er das anstellen will. Ich will nur, dass er es anstellt. Ich vertraue ihm da. Ich vertraue ihm mit meinem Leben, mit Amerikas Zukunft.«

Amerikas Zukunft verunsicherte den alleinerziehenden Vater zweier Söhne. Dass Trump seine Wut ernst nahm, rechnete er ihm hoch an. Er sah in ihm »Amerikas letzte Chance, um wieder in die Spur zu kommen«. Zur Amtseinführung hatte er seine Jungs ins Auto gepackt und war nach Washington gefahren, um auf der Mall live dabei zu sein. Seine Augen leuchten, wenn er davon erzählt. Natürlich hat auch er seine Wahl keine Sekunde bereut, im Gegenteil, er sieht sich geradezu bestärkt: »All die Kontroverse ist nur Ablenkung. Mir sagen heute viele Leute hier, sie wünschten, sie hätten damals auch für ihn gestimmt. Die Unterstützung wächst.« Solange die Wirtschaft das auch tut, mag er recht behalten.

Der Mittvierziger Case führt einen kleinen Baubetrieb und hält sich mit Renovierungen jeglicher Art über Wasser. Er ist strikt gegen zu viel Wohlfahrtsstaat und findet es richtig, dass Trump Leistungen kürzen will; die Steuersenkungen würden schon für Jobs sorgen. Als Geschäftsmann ist er einen rauen Ton gewohnt: »Trumps polternde Aggressivität ist notwendig.« Er sehe jetzt überall »Aushilfe gesucht«-Schilder, auch seine Auftragslage habe sich in diesem ersten Jahr der neuen Regierung deutlich verbessert. Das könne doch nicht allein an Trump liegen, frage ich. »Was soll ich sagen, die Deregulierungen helfen den Unternehmen, die Investoren haben wieder mehr Zuversicht. Es läuft.«

Eigentlich will ich Ralph Case gar nicht lange aufhalten, er muss auf eine Baustelle. Nur zu einem schnellen Kaffee sind wir verabredet, aber aus ihm sprudelt es einfach weiter. Und wieder höre ich die mittlerweile bekannten Argumente: Trump der Außenseiter, der sich nicht einlullen lasse. Der Kongress, die Medien, die Lobbyisten und Interessenverbände – alle seien gegen ihn. Unter diesen Umständen laufe es doch großartig. Je mehr die aufheulten, desto mehr zeige dies doch, dass er den Finger in die richtigen Wunden lege. Die Mauer – lieber heute als morgen. Die versprochenen großen Infrastrukturmaßnahmen – man solle ihn doch erst mal machen lassen. Die Russland-Untersuchung – aufgebauscht, das interessiere hier im Land doch keinen. Natürlich müssten die NATO-Partner ihre Sicherheit mehr selbst schultern. Die harte Haltung gegenüber Nordkorea sei notwendig.

Und natürlich: Ja, es wäre besser, wenn er sich bei Twitter etwas zurückhalten würde. Aber andererseits sei es doch großartig, so direkt mit den Wählerinnen und Wählern zu kommunizieren (mit mehr als 47 Millionen Followern erreicht er tatsächlich eine Menge von ihnen). Und es gäbe Unterschiede, manche Botschaften seien nur für die Medien, manche nur für seine Anhänger bestimmt.

»*Wirklich?*«, frage ich erstaunt.

»Absolut. Wenn er zum Beispiel unsere laxen Einwanderungsregeln als ›Verrücktheit‹ beschreibt – das ist für die Medien, da ticken die in ihrer linksliberalen Political Correctness total aus. Aber wenn er schreibt ›Wir müssen viel härter und smarter werden!‹ – das ist an uns gerichtet.«

Alles klar, denke ich mir nur.

Ich fahre weiter Richtung Cleveland, Ohio. Während die flache, undefinierte Landschaft des Mittleren Westens an mir vorbeirauscht, ertappe ich mich plötzlich dabei, wie mit jedem Kilometer, den ich mich von Washington entfernt habe, das Entsetzen über diese Präsidentschaft irgendwie dumpfer wird, überlagert von der ungebrochenen, scheinbar unerschütterlichen Zustimmung der Trump-Gemeinde. Je länger ich hier unterwegs bin und seinen Anhängern zuhöre, desto wahrscheinlicher scheint mir eine Wiederwahl Trumps 2020. Sollen sie doch glücklich werden mit dieser Präsidentschaft und ihren Folgen, denke ich mir zuweilen – offensichtlich sind sie es ja auch weitgehend. Trump ist ja nicht mein Präsident, dieses Land nicht mein Land.

Und je tiefer ich in dieses Umfeld eintauche, desto mehr fange ich plötzlich an, mich zu fragen: Könnten sie vielleicht recht haben? Ist vielleicht alles gar nicht so »schlimm«? Sie brachten in einigen Punkten durchaus Argumente vor. Trumps Erfolge in manchen Bereichen sind nicht zu leugnen. Und auf meine Frage, ob es etwa kein Problem sei, wenn der Regierungschef so offenbar und ungeniert die Unwahrheit sage, hatten die meisten nur mit der Schulter gezuckt und zurückgefragt: »Welcher Präsident lügt nie?«

In der Tat genügt ein Blick in die jüngere Vergangenheit. Barack Obama hat die rote Linie im Fall eines Giftgaseinsatzes in Syrien genauso wenig beachtet wie sein Versprechen, unter seiner Gesundheitsreform dürfe jeder seinen ursprünglichen Versicherungsplan behalten, wenn er oder sie wolle. George W. Bush zettelte einen ganzen Krieg auf Grundlage der Lüge über Saddam Husseins vermeintliche Massenvernichtungswaffen an. Bill Clinton hatte sehr wohl »sexuelle Beziehungen mit dieser Frau, Miss Lewinsky«. Und George H. W. Bush stolperte über sein gebrochenes Versprechen, die Steuern nicht zu erhöhen: *»Read my lips, no new taxes!«* – »Lest meine Lippen, keine neuen Steuern!« Wenn Donald Trump lügt, macht das für seine Anhänger offenbar nur einen graduellen, aber keinen prinzipiellen Unterschied. Wenn überhaupt.

Doch dann kehrt ein anderer Gedanke zurück: Nein, das ist keine Präsidentschaft wie jede andere auch, nur etwas chaotischer, dilettantischer, rüpelhafter als die vorherigen. Es finden bei dieser Achterbahnfahrt grundsätzliche Verschiebungen statt. International, wenn ein Präsident nicht mehr auf multilaterale Zusammenarbeit Wert legt, sondern nur noch das Nullsummenspiel seiner nationalen Interessen im Blick hat. Und national, wenn die Wahl dieses Präsidenten vom Ku-Klux-Klan gefeiert wird. Dafür gibt es Gründe.

Das führt mich zu der Frage, die mich auf meiner Reise immer mehr beschäftigt: Wie können die Trump-Fans über all die kontroversen Dinge hinwegsehen und all die frauenfeindlichen, rassistischen, spaltenden Aussagen ignorieren und ausblenden? Wie kann ihnen das egal sein? Wie schaffen sie es, immer neue Entschuldigungen für das Schleifen rechtsstaatlicher Normen zu finden? Wie gelingt es ihnen, die gefährlichen Alleingänge Amerikas in Kauf zu nehmen? Weder »entschuldigt« das Positive das Negative, noch lässt sich das Bedenkliche von den Erfolgen einfach trennen. Nur weil Trumps Deregulierungswelle die Wirtschaft weiter ankurbelt, nur weil die Aktienmärkte boomen, macht das ja nicht seine Angriffe auf die Glaubwürdigkeit des FBI wett oder seine Unterstützung für einen Senatskandidaten, der minderjährigen Mädchen nachgestellt haben soll.

Die Antwort könnte im Phänomen der *siege mentality*, der Wagenburgmentalität, liegen, das der Kolumnist David Brooks sehr überzeugend beschreibt[39] – der Eindruck, man sei umzingelt und werde belagert. Dieser lässt sich leicht auch bei populistischen Bewegungen in Deutschland und Europa feststellen. Menschen sehen sich in einer Art kollektiver Opferrolle, sie erleben sich in einer feindseligen Welt, die sie, ihre Kultur, ihresgleichen verdrängen will. Je apokalyptischer, desto wirkungsvoller ist diese Botschaft. *Jetzt ist es schon schlecht, es wird noch schlimmer, für unsere Kinder wird es ganz furchtbar* – diese Saite hat Trump kräftig zum Klingen gebracht, vor allem unter weißen Wählerinnen und Wählern. Diese Haltung verschafft eine klare Zugehörigkeit, vermittelt ein Gruppengefühl – *wir gegen die* – und liefert gleichzeitig eine Erklärung für alles, was im Leben falsch läuft. Das ähnelt der Logik von Verschwörungstheorien, die auch eine sehr gute Basis für die eigene Rolle als Opfer und Märtyrer bieten, gegenüber irgendwelchen vermeintlichen dunklen Mächten.

Dieses Sich-belagert-Fühlen entschuldigt für viele also das ganze Benehmen eines Donald Trump, nach dem Motto: Wenn die Existenz auf dem Spiel steht, dann bleibt keine Zeit, sich um Dinge wie Demut, sexuelle Moral, Empfindlichkeiten, Ehrlichkeit oder Anstand zu kümmern. Im Krieg ist alles erlaubt. Selbst der Missbrauch von Teenagern durch Parteifreunde lässt sich so offenbar übersehen, es geht schließlich ums Überleben der Gruppe. Und weil jeder Widerspruch dieses »Überleben« gefährden könnte, wird er herausgefiltert, die Gruppe wird immer extremer.

Wie konnte es dazu kommen, dass diese Haltung so ausgeprägt ist? »Wir leben in einer Zeit historischen Wandels«, schreibt Brooks. »Die Fundamente ganzer Gesellschaften werden infrage gestellt.« Digitalisierung, Globalisierung, all das ist sehr komplex, undurchdringlich, die Welt ist nicht mehr die, die sie einmal war. Neue Lebensmodelle, von der Homo-Ehe bis zum dritten Geschlecht, werfen alte Ansichten über den Haufen. Die Weißen werden in absehbarer Zukunft nicht mehr die bestimmende ethnische Gruppe in den USA sein, sie haben das Gefühl, ihnen schwämmen die Felle davon – ökonomisch wie kulturell. All das ist für viele Trump-Anhänger extrem verunsichernd, angsteinflößend, und bereitet den Nährboden für die *siege mentality*.

Und nicht nur hier. Die Welt scheint insgesamt eine Phase tiefer Verunsicherung zu durchleben, das Erstarken nationalistischer Tendenzen ist wahrlich kein ausschließlich amerikanisches Phänomen.

Das Mittel gegen diese Wagenburgmentalität kann aber nicht reine Abscheu sein oder sich verächtlich abzuwenden und zu sagen: Mit diesen Idioten will ich nichts zu tun haben – so nachvollziehbar dieser Impuls manchmal auch sein mag. Das bestätigt die Menschen in ihrer defensiven Haltung ja nur. Weshalb Trumps Anhänger auch umso fester zu ihm stehen, je heftiger ihn seine Gegner, die Medien oder die liberal-progressiven Eliten in den Küstenmetropolen angreifen. Das zu erkennen ist der erste Schritt zur Überwindung der Gräben.

Vielmehr, so Brooks abschließend, sollte eine pluralistische Gesellschaft selbstbewusst genug sein, im Rahmen ihrer Normen bis zu einem bestimmten Grad Differenzen auszuhalten, nach dem Grundsatz »Im Zweifel für den Angeklagten«. Die Herausforderung besteht natürlich darin, dass dieser Rahmen gerade extrem belastet wird.

Dennoch würde ich für den zukünftigen Umgang mit den Trumpisten folgern: nie aufhören, im Dialog bleiben zu wollen; schauen, ob es nicht vielleicht doch einen gemeinsamen Nenner gibt, auf dem man behutsam weitere Schritte aufbauen kann. Wie sagte mir Kenny Greco in Youngstown? »Der Gesprächsfaden ist gerissen, aber wir müssen ihn wieder aufnehmen.« Tatsächlich habe ich zu meinem eigenen Erstaunen die Bereitschaft dafür im Trump-Land sogar ein wenig öfter vorgefunden als beispielsweise unter Trump-Gegnern in Washington, D. C.

Hoffnung macht mir auf dieser Tour schließlich eine Begegnung in der Nähe von Cleveland, der Stadt, in der die Republikaner Donald Trump zu ihrem Präsidentschaftskandidaten kürten. In einem Vorort befindet sich in einer unscheinbaren Einkaufszeile ein kleiner Friseursalon: Vinny's Barber Shop. Ein ehemaliger Nachbar in Washington, der dort aufwuchs, hat mir von Vinny erzählt, einem echten Original, der ihm schon als kleinem Jungen die Haare geschnitten hat. Und er hat nicht zu viel versprochen: Als ich den Salon betrete, kommt es mir vor, als stünde ich plötzlich mitten in einem Norman-Rockwell-Gemälde. Vinny muss weit über achtzig sein, hager, leicht gebeugt, aber mit hellwachen Augen. Das Inventar lässt auf die späten Sechziger als letztes Renovierungsdatum schließen, an der Wand hängt eine Landkarte Siziliens, der Insel seiner Vorfahren. »Ich mag, was Trump mit dem Land macht, mit der Wirtschaft, dass er das Militär aufstocken will«, sagt Vinny, während er dem nicht sehr viel jüngeren Herren auf dem Retro-Barber-Sessel vor ihm die weißen Haare schneidet: »Ja, er ist krude, aber hey, nichts im Leben gibt's umsonst.«

Der Herr auf dem Sessel rollt mit den Augen.

Aus seiner politischen Überzeugung macht Vinny keinen Hehl – der letzte Demokrat, für den er gestimmt hat, war John F. Kennedy. »Aber ich hab Freunde, die sind Demokraten, deswegen können wir doch weiter Freunde bleiben, oder?«

»Er mag ein Republikaner sein«, kabbelt der Kunde zurück, »aber er ist der beste Barbier in der Gegend!«

»Ich mag ihn«, antwortet Vinny kopfschüttelnd und zeigt mit der Schere in der Hand auf seinen Kunden, »aber er ist ein hoffnungsloser Fall!«

Eine ermutigende Szene – immerhin reden sie noch miteinander. Das kommt im Amerika von heute selten genug vor.

# 4

# Alternative Fakten

Ich würde es mit »handfestem Nahkampf« beschreiben. Unter amerikanischen Journalisten gibt es einen anderen Begriff dafür: *scrum*. Das ist eigentlich ein Begriff aus dem Rugby, wenn sich die Mannschaften ineinander verkeilen und herumschubsen, um an den Ball zu kommen, aber es kommt dem schon sehr nah, wenn sich eine Horde von Reportern, Kamerateams und Mikrofonträgern wie wild und nicht gerade würdevoll auf einen Interviewpartner stürzt, um die besten Plätze zu ergattern und sie oder ihn mit Fragen zu bedrängen. Doch in meiner ganzen Reporterkarriere habe ich noch nie eine solche Rauferei, ein solches Geschubse und Gedränge um eine rasche Reaktion, einen brauchbaren O-Ton erlebt wie am Abend des 26. September 2016, dem Abend des ersten TV-Duells der beiden Kandidaten Donald Trump und Hillary Clinton. Journalisten aus aller Welt sind auf den Campus der Hofstra University vor den Toren New Yorks gekommen, um live dabei zu sein.

Die Bühne dafür ist in einem gigantischen Sportkomplex mit zwei nebeneinanderliegenden Hallen eingerichtet. In der einen findet die TV-Debatte statt, in der anderen haben sich die Journalisten in Stellung gebracht. Ein Großteil des riesigen Saals ist mit provisorischen TV-Studios, Dutzenden von Arbeitstischen, Fernsehern und Servern gefüllt, an denen gerade Hunderte von

Journalisten eifrig ihre Vorberichte absetzen und während der Übertragung auf jede Silbe, auf jede Gesichtsregung achten werden. Etwa ein Drittel der Fläche ist jedoch frei gehalten: der sogenannte *spin room*.

Entscheidend ist auf dem Platz, heißt es ja im Fußball. Doch bei diesem Match hier ist fast genauso wichtig, was *nach* den gut neunzig Minuten Rededuell passiert. Denn im *spin room* geht der direkte Zweikampf der Kandidaten über in das Gefecht um die Deutungshoheit. Unmittelbar nach der Übertragung laufen dort zahlreiche Vertreter beider Lager auf und bearbeiten die Journalisten, um ihre Version des Spielverlaufs zu verbreiten, um der Interpretation des Geschehens ihren *spin*, ihren Dreh zu verleihen und diese in möglichst viele Mikrofone zu diktieren. Zur besseren Orientierung für die Journalisten laufen neben den auskunftsfreudigen Pressesprechern, Beratern und Schattenkabinettsmitgliedern jeweils Helfer, die ein Schild mit den entsprechenden Namen hochhalten. Es ist wie auf einem Basar – ein tosender Marktplatz der Meinungen.

»Manchmal wird man hier buchstäblich herumgewirbelt, auch von den Secret-Service-Agenten. Hier und da gibt's Beulen, ich werde nach diesem Abend wohl ein paar Eisbeutel brauchen«, warnt mich ein Veteran dieser Veranstaltung, Jim Acosta. Der Chief-White-House-Korrespondent des Nachrichtensenders CNN hält die ganze Veranstaltung für einen chaotischen Karneval, der aber nun einmal Teil der amerikanischen Demokratie sei: »Manchmal springen ganz gute Hintergrundinfos dabei heraus, und es macht Spaß zu sehen, wie die jeweilige Seite versucht, das in ihrem Sinne zu drehen. Obwohl da eine Menge Bullshit dabei ist.«

Ich erlebe es zum ersten Mal, und in der Tat halte ich den journalistischen Mehrwert des *spin rooms* für mehr als fragwürdig. Gleichzeitig packt jedoch auch mich der Ehrgeiz, als direkt nach Ende des TV-Duells der Startschuss fällt. Man kann sich dem Ganzen auch kaum entziehen – wie eine wild gewordene Büffelherde stürzen sich die Journalisten auf die *spin doctors*. Ich versuche in dem Gedränge sowohl mein Kamerateam als auch den Überblick nicht zu verlieren. Ist das nicht Senator Jeff Sessions? Der könnte interessant sein. Halt, oder doch lieber erst zu Kellyanne Conway, Trumps aktueller Wahlkampfmanagerin? Und, verflixt, wer war das noch mal, um den sich direkt vor mir alle drängen?

Während es bei mir vor allem im Kopf »spinnt« und ich in dem Gewühle abwäge, wo ich anfangen soll, läuft hektisch Reince Priebus, der Parteivorsitzende der Republikaner und später Trumps erster Stabschef im Weißen Haus, an mir vorbei. Er ist eigentlich schon vorüber, aber als ich seinen Namen rufe, dreht er sich kurz um, und ohne, dass ich überhaupt die Chance habe, ihm eine Frage zu stellen, ruft er mir auch schon mit dem Brustton der Überzeugung ins Mikrofon: »Ich glaube, Donald Trump war großartig. Er hat Clinton standgehalten. Er zeigte, was die Amerikaner in einem Präsidenten sehen wollen.« Sagt's und eilt weiter. Verblüfft blicke ich meinen Kameramann an, der zum Glück geistesgegenwärtig genug gewesen war und einfach draufgehalten hatte.

Kurz darauf erspähe ich, wie auf der anderen Seite des Raumes Hillary Clintons Wahlkampfmanager John Podesta den Saal schon wieder verlassen will. Nicht so schnell, denke ich bloß, den schnapp ich mir, seine Einschätzung brauche ich für meinen *Tagesthemen*-Beitrag unbedingt. Ich antizipiere seinen Laufweg, ducke mich an ein paar Kollegen vorbei und schlage mich zu ihm durch, mein Kamerateam tapfer hinterher. Doch statt wie Priebus kurz stehen zu bleiben, denkt der kleine, drahtige Mann gar nicht daran, anzuhalten. Er hat es offenbar eilig. Stattdessen schleudert er mir als der Profi, der er ist, im Gehen eine knappe

Antwort zu: »Trump kam unvorbereitet. Er hat offenbart, dass er nicht das Zeug dazu hat, Oberster Befehlshaber zu sein.« Schwupps, ist er durch die Tür. Wenn mein Kameramann das nur einigermaßen ruckelfrei draufhat, küss ich ihm die Füße …

Der Raum wird immer voller. Plötzlich steht sogar der schillernde Box-Promoter Don King in diesem absurden Ring und posaunt seine Unterstützung für Trump in den Raum. Wo bin ich hier bloß gelandet?

Am Ende ist fraglich, welchen Einfluss die TV-Duelle wirklich auf die Entscheidung der Wählerinnen und Wähler haben. Die Einschätzung, wer den Abend gewonnen hat, bleibt ohnehin im Auge des Betrachters. Der anschließende Tenor in der Presse lautete zwar, Clinton sei besser vorbereitet gewesen, habe die Contenance behalten, und da sie als Favoritin mehr zu verlieren gehabt habe, sei ihr ein Punktsieg gelungen. Mehr aber auch nicht. Die Themen dieser ersten Runde – nukleare Sicherheit, Alltagsrassismus, die Rolle der NATO – spielen am nächsten Tag schon keine Rolle mehr. Tatsächlich geht es eher darum, einen generellen Eindruck zu vermitteln, wie man sich als Kandidat unter Druck schlägt. Und im Vergleich zu den TV-Duellen bei Bundestagswahlen wird einem hier immerhin eine unterhaltsame Show geboten. Nicht nur das Drumherum, auch der Schlagabtausch selbst war vor allem in der ersten Hälfte lebhaft; beide Kandidaten beharkten einander intensiv.

TRUMP: »Ich werde Jobs zurückbringen, du kannst das einfach nicht!«

CLINTON: »Ich weiß, dass du in deiner eigenen Welt lebst, Donald, aber das sind nicht die Fakten!«

TRUMP: »Mein Urteilsvermögen ist besser als deins. Genauso wie auch mein Temperament besser ist!«

CLINTON: »Am Ende werde ich hier wohl noch für alles auf der Welt verantwortlich gemacht …«

TRUMP: »Warum nicht?«

CLINTON: »Ja, genau, warum nicht. Beteilige dich doch an der Debatte, indem du noch mehr verrückte Sachen sagst.«

Der Höhepunkt des Abends kommt aber erst noch. Der *spin room* brummt vor Betriebsamkeit, als plötzlich Sicherheitskräfte mit Absperrgittern einen Korridor aufbauen. Die Journalisten schauen sich fragend an. Gerüchte kreisen, Donald Trump könnte nach der Debatte persönlich erscheinen. Dass sich ein Kandidat selbst in den *spin room* herabbegibt, um seine Sicht der Dinge klarzustellen, hat es noch nicht gegeben.

Doch tatsächlich: Auf einmal erschallen aufgeregte Schreie, das Blitzlichtgewitter explodiert – Donald Trump und Ehefrau Melania betreten den Saal innerhalb des abgesperrten Korridors. Das Ganze erinnert an Szenen vor der Oscarverleihung entlang des Roten Teppichs. Entweder er traut seinen Spin-Adjutanten nicht und will seine Meinung zum Abend sicherheitshalber noch einmal selbst darlegen, denke ich. Oder er liebt die Aufmerksamkeit. Vermutlich beides.

Die Kamerateams drängen sich an die Absperrung. Genüsslich zieht Trump von einem Mikrofon zum nächsten, offenbar zufrieden mit seiner Performance. Da ich im Moment seines Auftritts auf der anderen Seite des Raums gerade noch ein Interview zu Ende geführt hatte, bekomme ich erst weiter hinten einen Platz in der ersten Reihe und kann nur hoffen, dass er nicht plötzlich die Seite wechselt.

Ich stelle fest, dass meine Crew und ich an dieser Stelle des Gatters offenbar die einzigen TV-Journalisten sind, jedenfalls stehen einige Meter vor und hinter uns keine weiteren Kamerateams, nur Radio-Kollegen und Print-Journalisten. Vielleicht liegt es daran, dass ich mit meinen 1,95 Metern etwas herausrage, oder daran, dass für Trump nur Fernsehen zählt, jedenfalls steuert der republikanische Kandidat tatsächlich direkt auf mein

Mikrofon zu – wie ein Blitz, der beim Einschlag die höchste Erhebung in der Umgebung anpeilt. Am Ende wird es im Beitrag so aussehen, als hätte er dem ARD-Team exklusiv ein Interview gegeben, weil einzig unser blaues Mikro mit entsprechendem Logo im Bild zu sehen ist – ein kleiner Scoop.

Trumps Antwort auf meine Frage zum Ausgang der Debatte: »Ich glaube, ich habe bei den Themen Handel, illegale Einwanderung und Atomwaffen gepunktet. Wichtige Themen. Ich bin sehr zufrieden.« Hätte ich ihn gefragt, wie das Wetter morgen wird, hätte er mir wohl dieselbe Antwort gegeben.

Und schon ziehen ihn seine Bodyguards weiter, wo noch andere Kamerateams warten. Es wird mein einziger Eins-zu-eins-Kontakt mit Donald Trump in diesem Wahlkampf bleiben. Als ausländische Presse muss man sich früh damit abfinden, dass man kaum eine Chance hat, länger und näher an die Kandidaten heranzukommen. Es steht zu viel auf dem Spiel für sie – unser Publikum wirft keine zählbaren Wählerstimmen ab.

Jim Acosta hatte nicht zu viel versprochen. Im Strudel der Deutungen muss man aufpassen, nicht unterzugehen, blaue Flecken inklusive. Aber es war ein faszinierender Einblick in eine Besonderheit des amerikanischen Wahlkampfs, vor allem aber eine unmittelbare Demonstration der Hassliebe, die Donald Trump gegenüber den Medien hegt. Einerseits vergeht kaum ein Tag, an dem er nicht auf die – bei seiner Basis ebenso verhassten – *liberal mainstream media* einprügelt. Das gehört in republikanisch-konservativen Kreisen schlicht zum guten Ton. Von einer Wahlkampfveranstaltung kurz vor der ersten Vorwahl in Iowa habe ich ein Souvenir mitgebracht, das mir dort ein Ted-Cruz-Anhänger aushändigte und das jetzt an der Pinnwand in meinem Büro prangt: ein Button mit der Aufschrift *»Don't trust the liberal media!«* – »Traue den liberalen Medien nicht!«

Andererseits sehnt sich Trump nach medialer Aufmerksamkeit und Anerkennung, sonst wäre er nach der TV-Debatte nicht höchstpersönlich vor die Presse getreten oder hätte vor meinem Mikro angehalten. Nichts scheint er mehr zu lieben, als seinen Namen in Schlagzeilen oder auf Titelblättern zu sehen. Im erwähnten Trump-Feature für das WDR-Fernsehen lassen wir den *The Apprentice*-Gewinner Randall Pinkett zu Wort kommen: »Ich kam in sein Büro in New York, und Donald hatte einen Stapel mit Zeitungen und Zeitschriften auf seinem Tisch. Überallhin hatte er Zettel geklebt. Ich dachte, vielleicht hatte jemand für ihn die wichtigsten Nachrichten aus aller Welt gekennzeichnet. Aber nein – die Zettel klebten dort, wo es Artikel über *ihn* gab. Er nahm also die Magazine und Zeitungen, las über sich selbst, und ging zum nächsten über. Wenn die Leute sagen, er hat ein Ego, das den ganzen Raum füllen kann, dann ist dies das klassische Beispiel.«

An einer masochistischen Veranlagung kann es jedenfalls nicht liegen, dass Trump nach wie vor so viel fernsieht. In erster Linie konsumiert er Nachrichtensender, vor allem frühmorgens, wenn er wie immer gegen 5 Uhr 30 aufsteht. »Er schaltet dann CNN für Neuigkeiten an, zappt zu *Fox&Friends* zur Erholung und um sich Tweet-Ideen zu holen, und manchmal schaut er dann noch auf MSNBC *Morning Joe*, weil es, wie Freunde glauben, ihn für den Tag ordentlich in Fahrt bringt«, berichtet die White-House-Korrespondentin Maggie Haberman.[40] Nicht selten sind seine frühmorgendlichen Twitter-Attacken ein Ergebnis dieser Routine. Fernsehen liefert ihm die Munition für seine täglichen Kämpfe. Im Esszimmer des West Wing ließ er eigens einen 60-Zoll-Bildschirm installieren. Trump selbst bestreitet den hohen TV-Konsum, allein schon sein Tagesablauf und die vielen zu lesenden Papiere hielten ihn davon ab, sagte er. Das ist wohl richtig, aber regelmäßig holt er verpasste Sendungen und Übertragungen nach. Das Festplattenrekorder-System TiVo pries er vor *Time-Magazine*-Reportern als »eine der großartigsten Erfindungen aller Zeiten«.[41]

Da fragt man sich: Hat ein Präsident nicht anderes zu tun, als stundenlang zu prüfen, was über ihn und seine Regierung im Fernsehen läuft? Vielleicht sollte ihm jemand den deutschen Spruch »Was kümmert es die Eiche, wenn sich die Wildsau an ihr reibt?« einmal übersetzen.

Dabei scheint sich Trump umso mehr nach der Aufmerksamkeit eines Mediums und Achtungsbekundungen desselben zu sehnen, je skeptischer ihn dieses sieht. Weswegen er es in seinen Tweets zwar besonders scharf angeht, allen voran die *New York Times*, die wichtigste Zeitung seiner Heimatstadt – aber es kommt einem vor wie ein gar nicht so stummer Schrei nach Liebe.

Gleichzeitig will ich nicht ausschließen, dass es tatsächlich einen gewissen Mainstream-Konsens gibt, in dem sich viele Journalisten bewegen und der dazu führt, dass manche Sichtweisen überrepräsentiert sind. Das Phänomen der Filterblase gibt es nicht nur in Deutschland. Die meisten überregional agierenden US-Medien sind weniger im Binnenland als an den liberaleren Küsten angesiedelt. Aufgrund des Niedergangs vieler lokaler und regionaler Zeitungen und Sender bleibt vielen Amerikanern folglich nur die Sicht der landesweiten Medien und Rundfunkunternehmen auf das Politikgeschehen. Und weil es in den USA, außer dem Radiosender NPR, kaum reichweitenstarken, unabhängigen öffentlich-rechtlichen Rundfunk gibt, haben sich im Wettkampf um Quoten und Aufmerksamkeit Sender mit sehr deutlichen Färbungen durchgesetzt.

Während meiner stundenlangen Autofahrten quer durchs Trumpland erlebe ich ein anschauliches Beispiel dieser Entwicklung. Ich habe mir in Washington irgendeinen unspektakulären Kleinwagen gemietet, der aber ein nützliches Extra hat: Satelliten-Radio. Während ich also die endlosen Highways entlangrolle, zappe ich durch die fast zweihundert Sender, die ich damit empfangen kann. Von Hip-Hop und Comedy bis Latin Beats ist alles dabei, außerdem zahlreiche Nachrichtensender einschließlich der Live-Übertragung der Fernsehprogramme. Weil diese aber häufig durch Werbepausen unterbrochen werden, schalte ich hin und her. Zufällig liegen CNN und Fox News direkt nebeneinander, was mir einen interessanten Lausch-Vergleich ermöglicht. Wenige Tage zuvor war ein neunundzwanzigjähriger Usbeke in Manhattan mit einem Pick-up-Truck über einen Fahrradweg gerast und hatte acht Menschen getötet, elf wurden verletzt – offenbar ein terroristischer Anschlag, der Attentäter hatte Insignien des »IS« an Bord. Auf Fox News wettern die Kommentatoren nun, unisono mit dem Präsidenten, gegen die laxen Einwanderungsregeln, die überhaupt erst ermöglicht hätten, dass so jemand wie dieser Attentäter im Land sei. Wenn nicht jetzt, wann sonst sollte man dieses Thema angehen?, lautet der Tenor. Bei CNN hört sich das eher so an: Ein furchtbares Ereignis, aber das sei jetzt nicht der Zeitpunkt, das Thema Einwanderung zu politisieren; diesen Vorfall dafür zu nutzen sei ein billiger Schachzug der Republikaner.

Interessanterweise geht es auf beiden Sendern im Laufe des Tages noch um Waffengesetze und Konsequenzen aus dem Massaker von Las Vegas, bei dem einige Wochen zuvor ein Schütze von einem Hotelzimmer aus 58 Menschen niedergemäht und mehr als 850 weitere verletzt hat – und nun geht es genau andersherum. Auf Fox News heißt es wieder unisono mit dem Präsidenten: ein furchtbares Ereignis, aber das sei nicht der Zeitpunkt, um über eine Verschärfung der Waffengesetze zu sprechen; es sei ein billiger Schachzug der Demokraten, das jetzt ausnutzen zu wollen. Auf CNN dagegen fragt ein Kommentator: Wenn nicht jetzt, wann sonst sollen wir darüber reden? Und wieder sehe ich: Kein Wunder, das sich die Gräben weiter vertiefen. Solange man beide Seiten abwechselnd zur Kenntnis nimmt, halten sich die politischen Pole die Waage und könnten sogar einer objektiven Meinungsbildung dienen. Aber das tun die wenigsten Amerikaner.

Die gute alte Tradition des angelsächsischen Journalismus, wonach Nachricht und Meinung getrennt werden sollten beziehungsweise letztere zumindest als solche gekennzeichnet werden muss, löst sich in so manchen US-Medien auf. Es gibt zweifelsohne Kollegen, die diese Trennschärfe vermissen lassen und mit einer unangebrachten Selbstgerechtigkeit gegen die Trump-Regierung zu Felde ziehen (was übrigens auch für einige deutsche Medien gilt). Für sie ist der Präsident zur ungesunden Obsession geworden, was der allgemeinen Medienschelte kontinuierlich Nahrung liefert. Und das ist kein Wunder – wer sich selbst als Teil des Widerstands sieht, kann schwerlich unvoreingenommen und ergebnisoffen berichten. »Manche Reporter besaufen sich geradezu am Anti-Trump-Elixier«, kritisiert der legendäre Watergate-Enthüller Bob Woodward.[42] Gleichwohl halte ich die Einschätzung meines Schwiegervaters für übertrieben, wenn er schimpft: »Trump könnte nicht mal aufs Klo gehen, ohne dass ihm die Medien vorwerfen, er habe dabei aber das falsche Klopapier benutzt!«

Trump selbst wiederum scheint über die Jahre einen solchen Verfolgungswahn entwickelt zu haben, dass er sich stets unfair behandelt und persönlich angegriffen fühlt, sobald die Presse ihn nicht lobt und preist und stattdessen ihrer ureigensten Aufgabe nachgeht, nämlich den Mächtigen im Land auf die Finger zu schauen. Es frustriert ihn, dass er nicht kontrollieren kann, wie ihn die Presse – und die Nation – sieht. Darum ist Twitter, der Kurznachrichtendienst, auf dem er über seinen Account allein die Macht über seine Aussagen – und Ausfälle – hat, ein so wichtiger Kommunikationsweg für ihn, sehr zur Freude seiner Anhänger. Denn genau wie seine Politik richtet Trump seine Kommunikation nach außen nicht an die gesamte Nation, sondern in erster Linie an seine Basis. Diese direkte Ansprache, gepaart mit regelmäßiger Medienschelte, ist eine wichtige Waffe im Kampf um die Deutungshoheit über seine Präsidentschaft.

Natürlich sollten Journalisten keine Agenda haben, nicht Partei ergreifen. Es ist nicht ihr Job, eine bestimmte Partei oder einen bestimmten Politiker ins Amt zu hieven oder einen anderen zu verhindern. Das gilt meiner Meinung nach für die Kollegen in den USA im Umgang mit Trump genauso wie für uns in Deutschland etwa im Umgang mit der AfD. Unser Job ist es, zu zeigen, wofür eine Partei steht oder welche Konsequenzen eine bestimmte Politik hat. Die Schlussfolgerungen müssen dann die Zuschauer, Leser und Hörer, sprich: die Wählerinnen und Wähler selbst ziehen. Aber ohne eine kritische Haltung, ohne skeptische Betrachtung in alle Richtungen, ohne das buchstäbliche Infragestellen durch Journalisten sind Aussagen von Politikern letztlich kaum mehr als Propaganda. Es ist ein zentraler Pfeiler jeder Demokratie, dass Herrschaft dauernd hinterfragt wird, zum einen von den Bürgern, erst recht aber auch von denen, die das (In-)Fragestellen beruflich machen: den Journalisten. Trumps Wutausbrüche und Einschüchterungsversuche, seine *Fake-News*-Vorwürfe und Attacken verraten ein sehr eigenwilliges Verständnis von Sinn und Rolle der Medien in der Demokratie, und das in einem Land, das sich die Presse- und Meinungsfreiheit groß auf die Fahnen schreibt.

Besagter Jim Acosta kann ein Lied davon singen, nachdem Trump ihm während einer seiner ersten Pressekonferenzen als Wahlsieger vor laufenden Kameras von oben herab verweigerte, eine Frage zu stellen: »Nein, nicht du, du bist CNN, du bist *fake news!*« Acosta selbst hat dafür nur ein Wort übrig: »Bizarr!«.

Sich von den Mächtigen nicht einschüchtern zu lassen gehört zu den Grundvoraussetzungen journalistischer Arbeit. Aber wer wissen will, wie es sich anfühlt, auf einer Wahlkampfveranstaltung vor einer hysterisch aufgewiegelten Masse einzeln namentlich herausgepickt und von Trump, der mit dem Finger auf einen zeigt, (zu Unrecht) keifend der Lüge bezichtigt zu werden, sodass anschließend der Secret Service einen sicherheitshalber zum Auto eskortieren muss, dem empfehle ich die Lektüre des Buchs von Katy Tur über ihre grotesken Erfahrungen während des Wahlkampfs.[43] Da endet nämlich der »Spaß« – Tur musste Angst haben, vom Mob angegriffen zu werden, und bekam von fanatischen Trump-Anhängern Morddrohungen. Auch die ARD-Hörfunk-Korrespondentin Martina Buttler erzählte mir, wie sie während der Recherche für einen Bericht über Trumps erste hundert Tage im Amt von einer Trump-Wählerin in einem Café wüst beschimpft und bedroht worden sei, nur weil sie diese nach ihrer Meinung zu Trump gefragt hatte.

Womit ich wieder zu meinem Anfangsargument komme: Worte haben Konsequenzen. Und wenn der Präsident diesen aggressiven Ton vorgibt, dann fühlen sich seine Anhänger in ebendieser Richtung ermutigt. Der Fisch stinkt nicht umsonst vom Kopf. Und mancher Geruch lässt sich nicht so leicht wieder abschütteln.

Ähnlich problematisch ist Donald Trumps eigener Umgang mit den Fakten. Weil seine Anhänger die Lügenvorwürfe meist mit dem Hinweis abtun, alle Politiker lögen doch, machte sich die *New York Times* zum Ende des ersten Amtsjahrs die Mühe, zu vergleichen, wer denn mehr log: Donald Trump oder sein Vorgänger Barack Obama?

Viele von Trumps Fantastereien lassen sich leicht nachweisen: von der Größe der Menschenmenge bei der Amtseinführung oder der Behauptung, er halte den Rekord an Titelbildern auf dem *Time Magazine*, bis hin zur Verschwörungstheorie, dass Millionen illegal abgegebener Wahlzettel ihn die Mehrheit im *popular vote*, also bei den insgesamt abgegebenen Stimmen, gekostet hätten (die eigens dafür einberufene Untersuchungskommission musste er Anfang 2018 dann auch mangels Ergebnissen wieder auflösen). Die Reporter ließen dabei irreführende Deutungen, Übertreibungen oder Ungenauigkeiten sogar außen vor und begrenzten sich allein auf eklatant unwahre Aussagen. Das Ergebnis ist so erwartbar wie frappierend: Während der ehemalige Präsident in seiner *gesamten* Amtszeit von acht Jahren 18 Mal die Unwahrheit sagte, kam der amtierende auf satte 103 veritable Lügen – in nur *einem* Jahr![44] Nimmt man die Irreführungen und einfach nur ungenauen Behauptungen hinzu, kommt die *Washington Post* in ihrer *Pinocchio-Fact-Checker*-Rubrik sogar auf über zweitausend Trump'sche Unwahrheiten.

Noch auffälliger als der quantitative Unterschied ist der qualitative: Wenn Obama oder dessen Vorgänger George W. Bush mit einer Unwahrheit erwischt wurden, hörten sie immerhin auf, diese zu wiederholen. Ganz anders dagegen Trump: Wenn er sich in die Enge getrieben fühlt, beginnt er instinktiv auszukeilen. »Wenn er beim Lügen erwischt wird, versucht er oft diejenigen zu diskreditieren, die die Wahrheit sagen, egal ob Richter, Wissenschaftler, FBI- oder CIA-Beamte, Journalisten oder Kongressabgeordnete«, so die *New York Times*. »Trump versucht, die Wahrheit irrelevant zu machen. Das ist extrem schädlich für die Demokratie, und es ist kein Unfall. Es gehört zum Kern seiner politischen Strategie.«[45]

Der demokratische Kongressabgeordnete Ron Kind, der einen guten Ruf als Brückenbauer über die politischen Gräben genießt, berichtete mir in einem Gespräch von der Sorge über ein »gefährliches politisches Klima autoritärer Tendenzen«, die ihn und seine Kollegen umtreibt. »Wenn wir uns nicht einmal mehr darauf einigen können, was tatsächlich Fakt ist, wie sollen wir dann irgendwelche Lösungen und Kompromisse finden?« Ich kann ihm nur zustimmen. Nicht umsonst gibt es in den USA hierfür eine passende Bezeichnung: *truth decay*, was so klingen soll wie *tooth decay* – der Zerfall der Wahrheiten wird verglichen mit einem faulenden Zahn.

Dieses ständige, gezielte Unterminieren der Glaubwürdigkeit von Medien in Gestalt des Vorwurfs von *fake news*, welcher den Überbringer der Nachrichten diskreditieren soll (inklusive der fragwürdigen Verleihung von *Fake News Awards*), bei gleichzeitig bewusstem Verbreiten offensichtlicher Unwahrheiten mag kurzfristig politischen Nutzen bringen. Langfristig richtet es meiner Meinung nach wie ein schleichendes Gift auf perfide Art bleibende Schäden in der amerikanischen Gesellschaft an. Denn die Konsequenz – oder Gefahr – von »alternativen Fakten« beziehungsweise Unwahrheiten aus dem Weißen Haus ist nicht, dass jemand mal einer Lüge auf den Leim geht, sondern, wie es die Publizistin Hannah Arendt einst warnend auf den Punkt brachte, dass irgendwann »keiner mehr irgendetwas glaubt. (...) Und ein Volk, das nichts mehr glaubt, kann sich auch keine Meinung bilden. Es ist nicht nur seiner Fähigkeit beraubt zu handeln, sondern auch zu denken und zu urteilen. Und mit so einem Volk kann man machen, was einem gefällt.«[46] Die Frage, die sich aufdrängt, lautet folglich: Wohin will Trump das amerikanische Volk führen?

Eines muss man ihm dabei lassen: Er versteht es meisterlich, sein Spiel mit den Medien zu spielen und sie vor sich herzutreiben. Wie gesagt, ohne Medien, klassische wie digitale, wäre das Phänomen Trump nicht möglich. Dabei verheimlicht er seine Methode, dem Affen ständig Zucker zu geben, nicht einmal. Er scheint, im Gegenteil, eher stolz darauf zu sein, wie er mediale Aufmerksamkeit generieren und manipulieren kann. Schon in seinem Bestseller *Trump. The Art of the Deal* diktierte er seinem Ghostwriter: »Eines habe ich über die Presse gelernt: Sie ist immer hungrig nach einer guten Geschichte, je sensationeller, desto besser. Es liegt in der Natur des Jobs, ich verstehe das. Der Punkt ist der: Wenn du etwas anders oder ein wenig Unerhörtes tust, etwas Kühnes oder Kontroverses, dann wird die Presse über dich berichten. (...) Die meisten Reporter, habe ich festgestellt, haben wenig Interesse daran, den Gehalt eines detaillierten Vorschlags zu untersuchen. Vielmehr suchen sie nach dem sensationellen Aufhänger.«[47] Vor allem aber komme er, Trump, der Fantasie, der Sehnsucht der Menschen entgegen: »Die Leute wollen daran glauben, dass etwas das Größte, das Beste, das Spektakulärste ist. Ich nenne es ›wahrhaftige Übertreibung‹. Eine arglose Form der Überhöhung – und gleichzeitig eine sehr effektive Form der Eigenwerbung.«

Keiner soll sagen, er sei nicht gewarnt gewesen. Und doch ist es erstaunlich, wie sehr wir Journalisten nach wie vor auf Trumps Masche hereinfallen. Statt darauf zu achten, was tatsächlich passiert (und es passiert, wie wir gesehen haben, mehr als genug), lassen wir uns von den Nebelkerzen zweifelhafter Tweets ablenken. Beispielsweise paukten die Republikaner kurz vor Weihnachten 2017 die tiefgreifendste Steuerreform seit mehr als drei Jahrzehnten durch den Kongress und gewährten damit US-Unternehmen (und nebenbei auch Immobilien-Tycoonen wie Trump) beträchtliche Erleichterungen – dies um den Preis gigantischer Staatsschulden zulasten künftiger Generationen. Währenddessen sorgte Trump wirkungsvoll für Ablenkung, als er Anti-Islam- und Anti-Einwanderungsvideos britischer Ultranationalisten postete. Die verbleibende Zeit und Aufmerksamkeit der Journalisten (und wohl auch so mancher Kongressabgeordneter) konnte so erst recht nicht genügen, um das riesige Gesetzespaket kritisch zu prüfen.

Noch ein Beispiel: Während der Blätterwald nur so rauschte wegen eines angeblich brisanten Memos zur Russland-Affäre aus einem Kongressausschuss, das letztlich eher belanglos war, rutschte die taktische Neuausrichtung des amerikanischen Atomwaffenarsenals auf kleine, regional »besser einsetzbare« Sprengköpfe mehr oder weniger beiläufig durch. Und wenn ein Journalist einmal nicht nach dem »sensationellen Aufhänger« giert und stattdessen unter großem Zeitaufwand die Auswirkungen politischer Maßnahmen recherchiert oder wenn er mühevoll nachweist, dass eine Behauptung unwahr ist, dann erinnert sich schon kein Mensch mehr an ebendiese Unwahrheit, weil ja schon die nächste umstrittene Aussage alle Aufmerksamkeit an sich zieht.

Das tiefere Dilemma besteht darin, dass freie Medien einer pluralistischen, liberalen Gesellschaft sich hier in einer *lose-lose*-Situation befinden. Behandeln sie die Trumps dieser Welt wie gewöhnliche Politiker, normalisieren sie ganz automatisch auch deren Stil, machen deren Ton und Methoden salonfähig. Auf der anderen Seite kann niemand einen Zustand permanenter Aufregung aufrechterhalten, denn jeder Nerv wird dabei irgendwann taub. Dann aber kommen diese Politiker mit den unmöglichsten Dingen durch, für die »normale« Politiker längst aus dem Amt gejagt worden wären. Dann werden Angriffe auf demokratische Institutionen, Werte oder Normen nur noch schulterzuckend quittiert, nach dem Motto: *So ist er halt ...* Eine solche Gleichgültigkeit, eine solche Empörungsmüdigkeit lullt Wählerinnen und Wähler nicht nur ein, sie schleift die Schutzmechanismen einer Demokratie auf riskante Weise ab und ebnet dem Autoritarismus den Weg. Es ist darum geradezu eine bürgerliche Pflicht, Grenzüberschreitungen wie Rassismus oder menschenverachtenden Hass immer wieder anzuprangern und zu thematisieren, sich empört dagegen zu wehren.

Wehrt man sich aber, hält man dagegen, seziert man die aktuelle Politik, dann bläst man zugleich Energie in das, was der Kolumnist Sascha Lobo das Windrad-Prinzip nennt. Er bezieht es auf die AfD bei uns, es lässt sich aber problemlos auf Trump-Anhänger übertragen, weil weltweit die populistische Sphäre genau wie ein Windrad vom Gegenwind lebt:

> Sie zieht ihre Energie aus der Empörung der Gegenseite und verwandelt sie in eine Form sozial ansteckender Identifikation. Das Gemeinschaftsgefühl besteht primär daraus, dass sich die richtigen, als Feinde begriffenen Leute auf die richtige Weise empören. (...) Informationen dienen nicht dem Nachrichten- oder Wahrheitsbedürfnis, sondern haben die soziale Funktion der Gruppenbildung. Korrektheit ist für sozialmediale, rechte Öffentlichkeiten eher kein Kriterium. Es geht um Selbsterregung und die Empörung der Gegenseite. Deshalb teilen sie alles, von dem sie glauben, dass es Linke aufregt. Das gibt einem das Gefühl, auf der richtigen Seite zu stehen.[48]

Das Dilemma, so Lobo, sei dabei, dass eine liberale Gesellschaft diesen Namen nur verdiene, wenn sie sich gegen extremistische, rassistische Grenzüberschreitungen wehre – dass ihre Feinde aber nach dem Windrad-Prinzip eben Energie aus dieser Gegenwehr zögen. Das habe ich in Gesprächen mit Trump-Anhängern immer wieder so erlebt. Man kann ihnen dabei auch nicht mit rationalen Argumenten kommen, weil sie diese entweder als *fake news* abtun oder dafür nicht mehr empfänglich sind; die emotionalen, auf den Bauch zielenden Botschaften von Schlagworten wie »*America first*«, »*Lock her up*« (»Sperrt sie ein!« – gemeint war Hillary Clinton) oder »*Build the wall*« werden eine nüchterne, rationale Gegenrede immer überlagern. Weil Fakten Menschen nie so berühren wie Emotionen. Natürlich kommt das auf der anderen politischen Seite genauso vor.

Bei den *Tagesthemen* machen wir uns fortwährend Gedanken über diesen Konflikt im Umgang mit Populismus. Wir fragen uns ständig, ob wir über jedes Stöckchen springen müssen, das uns hingehalten wird. Die Antwort müsste eigentlich Nein lauten, aber das fällt nicht leicht, wenn die halbe Konkurrenz schon darüber gesprungen ist und eine Geschichte allein dadurch bereits Schwung erhält.

Diese Fragen stellen sich natürlich auch amerikanische Journalisten häufig. Das Magazin *Politico* brachte bereits im Sommer 2016 einen selbstkritischen Leitartikel dazu, darüber ein Bild Trumps, von hinten gesehen vor einer riesigen Reportertraube, und die quälende Frage: »*What have we done?*« – »Was haben wir da angerichtet?«

Die Antwort lautet zunächst: eine Menge, vor allem durch die oft unkritische Dauerberichterstattung zu Beginn von Trumps Kandidatur, als dieser noch wie der Oberclown in einem karnevalesken Politzirkus wirkte.

Gleichzeitig wäre es falsch, seinen Siegeszug allein den Medien in die Schuhe zu schieben. Hätten die Wählerinnen und Wähler nicht ein so unerschütterliches Interesse an Trump gezeigt, hätte die Faszination der Journalisten rasch nachgelassen. Da beißt sich die Katze in den Schwanz. Und vor allem: Als es ernster wurde, ist wohl kaum ein Kandidat jemals von Journalisten so gründlich durchleuchtet und hinterfragt worden wie Trump.

Letztlich, so argumentiert der Medienjournalist Jack Shafer, sollte man hierbei weniger die Rolle der Medien anerkennen als vielmehr das Verdienst Trumps, seine Geschichte selbst vorangetrieben zu haben: »So befriedigend die Formel ›Die Medien sind schuld‹ auch sein mag, die Ehre gebührt hier weniger den Medien als vielmehr Trump selbst. (...) Geradezu kunstvoll hat er eine mediale Plattform geschaffen, die wiederum den Kandidaten Trump schuf.«[49] Dieses »Verhältnis« begann in frühen Jahren in New York (siehe Trump. The Art of the Deal) und kulminierte in einer so noch nie erlebten Präsidentschaft.

Es gibt in Washington kaum einen Ort, wo man das ambivalente Verhältnis zwischen der Trump-Regierung und den Medien besser beobachten kann als im Press Briefing Room des Weißen Hauses. Ich habe mich immer darüber gewundert, wie winzig dieser für das Land und die Welt doch so bedeutsame Raum ist. Einst beherbergte er ein Schwimmbecken, gebaut für den von Polio gezeichneten Präsidenten Franklin D. Roosevelt, der darin seine Reha-Übungen machte. Doch angesichts wachsender Größe und Bedeutung des Pressecorps ließ Richard Nixon den Raum für seinen heutigen Zweck – die Regierungspressekonferenzen – umbauen. Entsprechend eng gedrängt sitzen die Reporter und Techniker, nebenan befinden sich auf zwei Etagen die winzigen, kaninchenstallartigen Büros der Korrespondenten, von denen aus sie ihre Beiträge und Berichte absetzen.

Ich war aus verschiedenen Anlässen schon öfter hier, aber ich will mir nun unter den aktuellen Umständen ein Bild machen. Also besuche ich ein wichtiges Presse-Briefing kurz vor Trumps erster langer Asienreise. Das Briefing wird spontan um eine Stunde verschoben, was mir die Gelegenheit bietet, mit einigen der wartenden Kollegen ins Gespräch zu kommen. Jeff Mason ist Korrespondent der Nachrichtenagentur Reuters; das erste halbe Jahr dieser Wahlperiode war er Präsident der White House Correspondents' Association, also der Interessenvertretung der Journalisten, die über den US-Präsidenten und das Weiße Haus berichten. In dieser Funktion wehrte er sich gleich zu Beginn erfolgreich gegen die Ideen des Weißen Hauses, die Briefings anderswohin, weg von der unmittelbaren Umgebung des Präsidenten, zu verlegen oder auch keine Journalisten mehr auf Flüge der Präsidentenmaschine Air Force One mitzunehmen.

Dass ein US-Präsident seine Zunft zum Auftakt als »Feinde des amerikanischen Volkes« bezeichnete, ist für Mason nur eine der vielen beunruhigenden Veränderungen. Eine andere ist für ihn eine ganz konkrete: Der Beginn der Frühschicht bei Reuters wurde von sieben auf sechs Uhr morgens vorgezogen – um besser auf Trumps frühmorgendliche Twitter-Tiraden reagieren zu können. »Es wird immer Spannungen zwischen der Regierung und der Presse geben, das liegt in der Natur der Sache, aber ich hätte nie gedacht, dass ich einige dieser Kämpfe einmal führen würde«, sagt Mason. Einen *Krieg* zwischen dem Weißen Haus und der Presse sehen die meisten dagegen nicht, zumindest nicht aufseiten der Journalisten: »Unsere Aufgabe ist es, Fragen zu stellen und neutral zu berichten. Das ist der beste Weg, um dagegenzuhalten. Die Leser müssen dann selbst entscheiden. Aber nie war Journalismus wichtiger als heute.« Bei einem Präsidenten, der Unwahrheiten als Instrument einsetzt, müssen Berichterstatter mehr denn je aufpassen und Aussagen überprüfen – keine leichte Aufgabe im Zeitalter »alternativer Fakten«.

Einen anderen Kollegen frage ich, was er von den *Fake-news*-Vorwürfen gegen die Presse hält. Er meint: »Medien sind ein willkommenes Feindbild, aber davon darf man sich nicht beirren lassen. Wir sollten uns nicht auf eine Konfrontation einlassen, sondern nach den Fakten recherchieren. Wir machen hier nur unseren Job: die Mächtigen kritisch betrachten. Und:

Du wirst nie alle erreichen, es wird immer Leute geben, die dich für *fake news* halten.« Ein viel größeres Problem sei vielmehr, dass die Presseabteilung des Weißen Hauses den Entwicklungen meist nur hinterherhechle und dadurch vieles recht chaotisch ablaufe: »Weil sie teilweise selbst nicht wissen, was in der Regierung gerade passiert oder was die Linie Trumps ist. Sie wissen oft selbst nicht mehr als wir.«

Vielleicht ist das ja der Grund, warum ich häufig den Eindruck habe, dass die Frau, die schließlich schwungvoll den Raum betritt, latent schlecht gelaunt ist: Pressesprecherin Sarah Huckabee Sanders. Mir ginge es sicher auch nicht anders, wenn ich tagein, tagaus irgendwelche absurden Tweets oder spontanen Einlassungen meines Vorgesetzten erklären beziehungsweise verteidigen müsste. Der Journalist Michael Wolff sagte einmal in einem TV-Interview: »Jedes Mal, wenn der Präsident twittert, bekommen sie im Weißen Haus einen Krampf.« Es könnte eventuell auch an ihrer natürlichen Physiognomie liegen, aber heute kommt es mir wieder einmal so vor, als wäre Sanders jetzt lieber einer Zahnwurzelbehandlung ausgesetzt als den Fragen der Journalisten.

Nachdem der eine unglückliche Figur machende Sean Spicer offenbar genug davon hatte, die Knochen für seinen Chef hinzuhalten, und dem dann folgenden bizarren Scaramucci-Intermezzo, übernahm Sanders, die Tochter des ehemaligen Gouverneurs von Arkansas Mike Huckabee, diese prominente Aufgabe. Und anscheinend versteht sie diese so, dass sie einen Schutzwall zwischen der Menge vor ihr und ihrem Chef am Ende des Flurs hinter ihr zu bilden habe.

Sanders rattert ein paar kurze Infos zur bevorstehenden Asienreise herunter und eröffnet die Fragerunde. Die Briefings zeichnen sich nicht nur dadurch aus, dass das Weiße Haus immer wieder die Legitimität der Presse angreift, sie sind auch kürzer als früher. Statt bis zu einer Stunde, in der ein Reporter mehrere Fragen hätte stellen können, dauerten sie nun eher halb so lang, mit entsprechend weniger Fragen, stellt Major Garrett fest. Er ist ein altgedienter White-House-Veteran für den Sender CBS und hat schon so manchen Präsidenten erlebt.

»Es gibt weniger Fragen und mehr Stichpunkte«, sagt Garrett. »Es gibt kein Geben und Nehmen – nur Geben. Wir geben dir, was wir wollen, und das war's. Friss oder stirb.«[50] Natürlich seien Pressekonferenzen unter vorangegangenen Regierungen auch nicht gerade ein Fest der Informationsfülle gewesen. Aber in der jetzigen Regierung habe die Methode Vorschlaghammer Priorität vor politischer Überzeugungsarbeit, die Mitteilungen bestätigten meist nur die Meinung der eigenen Basis. »Diese Regierung glaubt, dass sie die Präsidentschaft nicht nur durch einfache Kritik an den Medien gewonnen hat, sondern indem sie versucht hat, die Medien geradezu auszulöschen und die grundlegende Aufgabe einer freien Presse zu unterwandern, ihre Verantwortung, ihren Grad an Glaubwürdigkeit.«

Dagegenzuhalten sieht die freie Journalistin Ksenija Pavlovic, die im Juli 2017 Schlagzeilen machte, als sie sich einem Verbot von Direktübertragungen widersetzte und ein Presse-Briefing über den Live-Streaming-Dienst Periscope übertrug, als oberste Aufgabe: »Die USA müssen ihrer Verantwortung als Vorbild nachkommen, ein Leuchtturm der Pressefreiheit sein. Was hier in diesem Raum passiert, hat Nachhall. Wenn hier die Standards gesenkt werden, was hält dann andere Regierungen davon ab, sie auch zu senken? Es ist wichtig, dass wir sie hochhalten, vor allem für die Kollegen in all den Ländern, in denen es keine Pressefreiheit gibt. Das gibt ihnen Hoffnung.«

In dieselbe Kerbe schlägt auch ein anderer Kollege: »Wir halten die Angriffe auf uns aus, das schüchtert uns nicht ein. Wir können unsere Arbeit ja nach wie vor machen, unter veränderten Bedingungen vielleicht, aber vergleichen Sie das mal mit Mexiko, Russland oder China – die Kollegen dort, *die* haben Probleme!«

Paradox an alldem ist, dass trotz der Spannungen zwischen Regierung und Pressekorps, trotz der Attacken Trumps sämtliche von mir befragten Kollegen unisono bestätigen, der Amtsinhaber selbst entziehe sich den Journalisten nicht, im Gegenteil, überraschenderweise sei er sogar sehr viel zugänglicher als die Präsidenten vor ihm. Er rufe Reporter auch mal direkt an, gebe ihnen unaufgefordert Interviews im Flieger oder lade sie spontan zu halbstündigen Frage-Antwort-Sitzungen im Rosengarten des Weißen Hauses ein. »Das läuft sehr viel besser als unter Obama, sehr viel offener. Es ist schon ironisch: einerseits die harsche Rhetorik, andererseits der konstante Austausch mit Journalisten«, sagt Reuters-Mann Jeff Mason.

Dazu passt auch Trumps eingangs erwähnter Auftritt im *spin room* nach dem TV-Duell. Oder dass er einmal während einer überparteilichen Besprechung im Weißen Haus zum heiklen Thema Einwanderung aus einem Impuls heraus Journalisten fast eine Stunde lang mitfilmen ließ. Oder dass der Journalist Michael Wolff bei der Recherche für sein Enthüllungsbuch *Fire and Fury* ungehinderten Zugang zum West Wing hatte. Dieses Verhalten könnte man so erklären, dass Trump sich selbst gerne reden hört. Vielleicht will er auch Journalisten von seiner Sicht der Dinge überzeugen und ständig sichergehen, dass sein *spin* rüberkommt. Obwohl ihn viele Berichte in seiner Eitelkeit verletzt und verärgert haben dürften – noch weniger als schlechte Presse erträgt dieser Präsident offenbar *gar keine* Presse.

Da im Briefing Room des Weißen Hauses eine strenge Hackordnung herrscht – die vorderen der stets vollständig vergebenen Sitzreihen gehören den Korrespondenten der großen Fernsehsender, Agenturen und überregionalen Zeitungen, dahinter kommt das »journalistische Fußvolk« –, stelle ich mich in dem vollgepackten Raum in eine hintere Ecke. Was den Vorteil hat, einen guten Überblick zu haben, aber, wie sich rasch herausstellt, den Nachteil, dass ich Sanders kaum verstehe. Obwohl der Raum nicht besonders groß ist, ist die Akustik unterirdisch. Sanders spricht leise – das Mikro vor ihr scheint nur Deko zu sein –, auch die Journalistenfragen kann ich kaum vernehmen. Zum Glück wird nach jeder Pressekonferenz eine komplette Abschrift zur Verfügung gestellt.

Die über mir wummernde Klimaanlage überlagert nicht nur das meiste, sie bläst mir auch eiskalt gegen die Schulter. Allzu gerne sorgen die Amerikaner in ihren Räumen für Kühlhausbedingungen. Vielleicht passt das ja zur Atmosphäre, die hier manchmal herrscht.

Ein Kollege fragt nach der Bedeutung von Twitter für diese Regierung. »Es ist eine gute Möglichkeit, das amerikanische Volk direkt anzusprechen«, antwortet Sanders, »unvoreingenommen und ohne Filter. Das hat ihn zum Präsidenten gemacht: direkt mit den Wählerinnen und Wählern kommunizieren zu können.« Und *euch* hier im Raum dabei umgehen zu können, denke ich nur.

Die Ironie daran: Diese Präsidentschaft hat gerade den so beschimpften Mainstream-Medien einen unglaublichen Boom beschert. Das Interesse an Politik, an dem, was da gerade passiert im Land, ist so hoch wie lange nicht mehr, woraus sich ein gesteigerter Medienkonsum ergibt. »Anders als früher höre und lese ich ständig Nachrichten«, sagte mir Grace, meine Mitbewohnerin aus Bostoner Uni-Tagen. »Sich zu informieren ist in Zeiten wie diesen geradezu Pflicht, ich will bei den Themen mitreden können.«

Die Herausforderung Trump führt nicht nur zu herausragendem Journalismus, weil sich Journalisten und Reporter plötzlich bei der Ehre gepackt fühlen und mit ihrem journalistischen Werkzeug dagegenhalten, mit Recherche, Analyse, Einordnung. Sie führt auch zu steigenden Zuschauer- und Zuhörerzahlen, zu steigendem Absatz. Die vermeintlich »versagende« *New York Times* beispielsweise verzeichnete in den ersten drei Quartalen 2017 allein bei den Online-Abonnements einen Anstieg von 44 Prozent im Vergleich zum Vorjahr.[51] Sowohl die *New York Times* als auch die *Washington Post* verstärkten ihr Recherchepersonal. Richard J. Tofel, Präsident des nichtkommerziellen Newsrooms für investigativen Journalismus *ProPublica*, schreibt, für wie wichtig eine lebhafte Presse gerade heute gehalten wird: »Unser Job ist es nicht, gemocht zu werden. Unser Job ist es, zu berichten.« Die schlechten Umfragewerte des Präsidenten habe ja nicht der Storch gebracht, sondern sie rührten daher, dass die Menschen aus den Medien erführen, was ihr Regierungschef gerade treibe: »Das Problem des Vertrauensverlusts ist zwar ernst zu nehmen, aber wir sehen auch, dass unsere Mitbürger uns Journalisten nach wie vor zuhören, uns nach wie vor lesen, uns zuschauen, von uns Dinge erfahren – und das bedeutet, dass wir unsere Bemühungen, *ihnen* zuzuhören und *von ihnen* etwas zu erfahren, verdoppeln müssen.«[52]

Zu den großen Herausforderungen für Journalisten wird in Zukunft ohnehin nicht allein der Kampf um das Vertrauen der Leser und Zuschauer gehören, sondern auch der Umgang mit der technischen Entwicklung. Damit meine ich nicht nur, wie und wo Medien konsumiert werden, sondern was im Bereich *fake news* möglich sein wird. Dass wir Fotos angesichts immer besserer Bildbearbeitungssoftware nicht mehr blind trauen dürfen, ist für uns inzwischen selbstverständlich – Computer können immer leichter »Fotos« je nach Wunsch kreieren, Fotos, die kein Fotograf je geschossen hat. Aber wenn Rechner immer besser auch Sprache nachahmen beziehungsweise erzeugen können, wenn sie mithilfe von Künstlicher Intelligenz Lippenbewegungen manipulieren, dann hebt dies die Videomanipulationstechnik auf ein ganz neues Level. Täuschend echt gefälschte Fernsehbilder, in denen Politiker Aussagen tätigen, die sie so nie gemacht haben, sind in Ansätzen jetzt schon möglich. Wie soll man sich noch gegen Verschwörungstheorien und »alternative Fakten« durchsetzen, wenn man seinen eigenen Augen und Ohren kaum noch trauen darf? Herausforderungen wie diese sind der Grund, warum wir in der zentralen ARD-Nachrichtenredaktion 2017 eine eigene Rechercheeinheit gegründet haben, die solchen Phänomenen auf den Grund zu gehen versucht, genannt »FaktenFinder«. Doch selbst wenn diese sich immer besserer Analysetools bedient, um solche *fake news* zu entlarven, eine gehörige Portion Grundskepsis sollte man in diesem Job immer haben.

Skepsis steht auch den Journalisten ins Gesicht geschrieben, als Pressesprecherin Sarah Huckabee Sanders die Frage beantwortet, warum der Präsident sich nicht stärker darum bemühe, die Gräben im Land zuzuschütten, versöhnlicher zu wirken, die Hand auszustrecken: »Jeden Tag bemüht er sich doch darum, dieses Land zu einen. Das zeigt sich in der Politik, die er versucht umzusetzen.« Auch das ist offensichtlich eine Botschaft in Richtung Basis. Seht her, euer Mann bemüht sich – wenn es nicht läuft, muss es an den anderen liegen. Ein typisches Verhaltensmuster. Genau das meinen Kritiker in der Regel, wenn sie Trump kindliches Verhalten vorwerfen: Wenn etwas erfolgreich ist, war es sein Verdienst, wenn nicht, dann sind die anderen schuld. So oder so, er »gewinnt« immer. Ihn damit nicht so einfach durchkommen zu lassen, ist eine der wichtigen Aufgaben des White House Press Corps.

Was nehme ich also mit für den journalistischen Umgang mit Phänomenen wie Donald Trump? Generell: nicht über jedes Stöckchen zu springen; nüchtern bleiben; mehr auf Taten als auf Worte achten; sich nicht von jeder Aufregung blenden lassen, gleichzeitig aber nicht abstumpfen; immer fair bleiben. Hundertprozentige Objektivität wird es nie geben, und selbstverständlich machen wir Fehler, Journalisten sind schließlich auch nur Menschen. Aber aus der Erfahrung in der Praxis kann ich vermelden: Es gibt keine Einmischung irgendwelcher Mächte und Kräfte im Hintergrund, keine gezielte Einflussnahme. Falls sich das eines Tages ändern sollte, wäre ich der Erste, der solch einen Versuch vermelden würde. Damit die Menschen uns vertrauen, müssen wir uns jeden Tag aufs Neue um dieses Vertrauen bemühen und dürfen niemanden »verloren« geben, schon gar nicht unsere Kritiker.

Und was auch nie schaden kann, ist eine gewisse Portion Humor. Die Trump-Show wäre ja oft sehr unterhaltsam, ginge es dabei nicht um derart ernste Angelegenheiten. Ihren robusten Humor, den sie schon oft bewiesen haben, werden die amerikanischen Kollegen in den kommenden Monaten und Jahren jedenfalls noch gut gebrauchen können. Genau wie das, was in der kleinen Teeküche hinter den Korrespondentenkabinen im West Wing steht und silbern neben einem Süßigkeitenautomaten glänzt: eine edle Espressomaschine, die kein Geringerer als der Schauspieler Tom Hanks dem White House Press Corps nach der Wahl geschenkt hatte mit dem Hinweis, Wachsamkeit sei jetzt notwendiger denn je …

# 5

# Die Mauer

Aus der Luft wird der Irrsinn des Vorhabens erst richtig deutlich. Über uns donnert der Rotor, unter uns erstreckt sich bis zum Horizont das heiße, flache, staubige Land, das so typisch ist für diesen südlichen Zipfel der USA. Wir fliegen mit einem Helikopter des Texas Department of Public Safety (DPS), wie die Polizeibehörde in diesem Bundesstaat umständlich heißt, über das Gebiet. Pilot Jorge Rodriguez deutet nach vorne; über seine Schulter sehe ich das im Sonnenlicht grünlich glänzende Band, das etwa die Hälfte der mehr als dreitausend Kilometer langen Grenze zu Mexiko ausmacht: den Rio Grande.

Besonders *grande*, also groß, wirkt der Fluss allerdings nicht; er ist keine hundert Meter breit und an manchen Stellen so flach, dass man hindurchwaten kann. Das tun denn auch Drogenschmuggler und viele von jenen, die illegal in die USA streben, auf der Suche nach einem besseren Leben, auf der Flucht vor Bandenkriminalität, Gewalt und Hoffnungslosigkeit in ihren lateinamerikanischen Heimatländern. Als 2014 die Zahl dieser *border crossings* – der Grenzübertritte – plötzlich rasant anstieg, wobei vor allem Zehntausende Minderjährige unbegleitet »rübermachten« und die Grenzer der US Customs and Border Protection Agency (CBP) heillos überforderten, rief der damalige Gouverneur Rick Perry die Operation »Secure Texas« aus. Sie ermächtigte die texanische Polizei, mit den Bundesbeamten des CBP entlang der Grenze zu kooperieren.

Seitdem fliegt auch Polizist Jorge Rodriguez dort mit dem Helikopter Patrouille. Für den Fünfunddreißigjährigen ist das nicht nur ein Privileg, sondern auch eine persönliche Angelegenheit. Sein Vater stammt aus Mexiko, dreimal hatte dieser einst versucht, die Grenze zu überqueren.

Rodriguez versteht, warum Menschen aus dem Süden immer wieder Anläufe nehmen, sieht effektiven Grenzschutz aber als oberste Priorität: »Meine Familie lebt in der Grenzregion. Wenn Gewalt oder Drogenkriminalität herüberschwappen, bekommen wir die Auswirkungen zu spüren. Es betrifft uns unmittelbar.« Ein typisches Beispiel für das, was er meint, hatte sein Chef kurz vor dem Abflug per Video vorgeführt. Aus der Luft gefilmt, war dort eine Verfolgungsjagd mit einem Drogenkurier zu sehen. Der Fahrer raste ohne Rücksicht auf Verluste über Highways und Kreuzungen, bis er schließlich gegen einen Pfeiler krachte. Diesmal gab es nur Blechschaden, aber immer wieder kommt es bei solchen Aktionen zu fürchterlichen Unfällen, verlieren Unbeteiligte ihr Leben. Wenn meine Familie so einem Risiko ausgesetzt wäre, würde ich wohl auch anders über eine Mauer an der Grenze denken.

Weil der Fluss so mickrig ist, gilt das Rio Grande Valley mit der Grenzstadt McAllen als wahres Drehkreuz für Drogen- wie Menschenschmuggel. Kurz nach seiner Ankündigung, für das Präsidentenamt zu kandidieren, kam Donald Trump im Juli 2015 nicht allzu weit von hier zu einer Stippvisite an die Grenze, um sich ein Bild zu machen – und um seine Forderung nach einer massiven, »wunderschönen« Mauer zu unterstreichen.

Doch je länger ich das Land aus der Luft betrachte, desto aberwitziger wirkt diese Forderung auf mich. Der Rio Grande ist hier nämlich kein schnurgerader Strom, den man einseitig mit einer endlos gezogenen Betonwand abgrenzen könnte, sondern schlängelt sich in engsten Kurven und Kehren. Es wäre ein gigantisches Unterfangen, jeder Windung mit einer Mauer zu folgen. Zöge man stattdessen der Einfachheit halber eine gerade Wand vor dem Fluss hoch, wären nicht wenige Quadratkilometer amerikanischen Territoriums vom Rest des Landes abgeschnitten. Und das meiste Land hier ist kein öffentliches Bauland, sondern Eigentum von Ranchern, die davon bestimmt nicht begeistert wären. Auch die Finanzierung eines solchen Mammutprojekts, die ja laut Trump Mexiko tragen soll, ist nach wie vor unklar.

Dennoch lässt Präsident Trump derzeit Prototypen künftiger Grenzsperren testen. Von einer durchgehenden Mauer spricht allerdings auch er nicht mehr, so wie noch im Wahlkampf, vielmehr von sichtdurchlässigen Absperrungen, Gitterzäunen, einzelnen Mauerabschnitten – der Mix macht's.

Dabei sind Hunderte von Kilometern der Grenze bereits verbarrikadiert. Und an manchen Stellen lohnt eine Mauer einfach nicht – dort ist das Gelände sowieso die wirksamste Barriere, weil diese entlegenen Gebiete so unwirtlich sind, so steinig oder mit so tiefem Sand bedeckt, dass man selbst mit Allradantrieb nicht weiterkommt. Weshalb die Anlagen streckenweise abrupt im Nichts enden, man kann einfach um sie herumgehen.

Tragischerweise versuchen es die *crossers* natürlich genau dort, auf eigene Faust oder von sogenannten *coyotes* geführt, von Schleppern, die mit der Verzweiflung der Menschen ein Geschäft machen, nicht anders als an unseren europäischen Grenzen entlang des Mittelmeers. Oft kommen diese Menschen in der brütend heißen Ödnis elendig ums Leben. »Sie jagen dem amerikanischen Traum nach«, sagt Rodriguez, »und sterben, weil sie den *coyotes* egal sind.«

Die berüchtigte Mauer war *das* Zugpferd Donald Trumps im

Wahlkampf, das zentrale Versprechen an seine begeisterten Fans, die ihn in vollgepackten Hallen und Arenen mit frenetischen *»Build the wall!«*-Rufen empfingen. Aber vermutlich dachten auch sie dabei nicht wirklich an ein reales Bauwerk, sondern applaudierten in erster Linie dafür, dass Trump den Fokus auf das Thema Einwanderung und Sicherheit legte. Die meisten der Beamten hier sagen es nicht offen, aber auch sie sind nicht unglücklich über die Aufmerksamkeit der Administration für diese, für ihre Grenze. Sie sehen sich als Frontlinie gegen unkontrollierte Einwanderung und in Amerikas Krieg gegen Drogen – ohne Kontrolle über die Grenze gebe es keine Sicherheit. Aber es gebe auch nicht die eine Lösung, es müsse nicht eine buchstäbliche, durchgehende Mauer sein, sagen sie. Wegen des regen Austauschs zwischen Mexiko und den USA wollen sie auch keine militarisierte Zone, sondern der Grenzschutz soll flexibel gehandhabt werden, je nach Bedarf. Vor allem auf Technologie setzen sie immer mehr: im Boden vergrabene Bewegungssensoren; automatisch auslösende Kameras, so versteckt, dass ich sie selbst dann kaum sehe, als ein Grenzer mich eigens darauf hinweist; Drohnen mit Infrarotgeräten; alle paar Hundert Meter kabelverankerte Minizeppeline mit hochauflösenden Kameras, die einen ständigen Überblick liefern; schließlich weitere herkömmliche Patrouillen zu Wasser, auf dem Land und – wie durch Jorge Rodriguez – in der Luft.

Als 2014 die Flüchtlingskrise anschwoll, vor allem Frauen, Kinder und unbegleitete Jugendliche vermehrt in dieser Region über den Fluss kamen, tags wie nachts, habe er ganze Kolonnen gesehen – »wie Ameisen«. Das habe sich radikal geändert. »Warum?«, frage ich ihn. Der Helikopter-Pilot zuckt mit den Schultern, es gebe wohl verschiedene Gründe: besagte Technologie etwa oder der zusätzliche Einsatz der texanischen Polizei; vor allem aber habe »Trumps Rhetorik, seine Haltung gegenüber

Einwanderern einen Effekt gehabt«. Noch ein Trump-Effekt? Wirklich?

Auch hier wäre es sicher kurzsichtig, diese Entwicklung einem Faktor allein zuzuschreiben. Schon die Regierung Obama hatte auf die Szenen an der Grenze reagiert, Hunderte zusätzliche Grenzbeamte dem Rio Grande Valley zugeteilt und Mittel für Aufklärungskampagnen bereitgestellt, die potenzielle Flüchtlinge in Zentralamerika über die enormen Risiken der Reise nach Norden aufklärten. Zudem machte Mexiko seinerseits die Grenze zu seinen südlichen Nachbarn undurchlässiger, denn es waren und sind weniger Mexikaner, sondern Menschen aus El Salvador, Honduras oder Guatemala, die vor alltäglicher Gewalt und Bandenkriminalität nach Norden fliehen. In Wirklichkeit ist die beste »Mauer« Mexiko selbst.

Und doch lässt sich nicht bestreiten, dass die Zahl der an der Grenze festgenommenen *crossers* mit der Amtsübernahme von Donald Trump so stark absank, dass die Grenzschutzbehörde 2017 den niedrigsten Stand überhaupt verzeichnete – es gab einen Rückgang zum Vorjahr um 23,7 Prozent![53] Offenbar brauchte es gar keine Mauer aus Beton und Stahl, schon die feindselige Rhetorik zeigte genug abschreckende Wirkung. In Süd- und Mittelamerika schien die Botschaft von verschärften Kontrollen, drohenden Verhaftungen und Abschiebungen angekommen zu sein; viele werden es sich zweimal überlegt haben, alles Ersparte und ihr Leben auf der gefährlichen Reise zu riskieren, nur um sofort geschnappt und zurückgeschickt zu werden.

Trump reklamierte diese Entwicklung natürlich als Erfolg für sich. Zur Wahrheit gehört aber auch, dass nach dem rasanten anfänglichen Abfall seit Sommer 2017 die Zahlen langsam wieder ansteigen. Jede abschreckende Wirkung hält eben nur für eine begrenzte Dauer. Und letztlich hängt der Einwanderungsdruck weniger davon ab, wie schwer es ist, die amerikanische

Grenze zu überqueren, als davon, wie dramatisch die Gründe für eine Flucht sind. Denn die Menschen aus Zentralamerika fliehen ja nicht, weil sie die USA für ein schöneres Land halten. Sie fliehen, weil sie es vor Gewalt, Verzweiflung und Elend in ihrer Heimat nicht mehr aushalten. Ob sie dort sterben oder bei dem Versuch, dem Tod zu entkommen, läuft für sie auf dasselbe hinaus. El Salvador beispielsweise gilt mit der höchsten Mordrate außerhalb von Kriegsgebieten als eines der gefährlichsten Länder der Welt; der Polizei ist es eine Meldung wert, wenn an einem Tag *kein* Mord passiert.[54] Solange sich das nicht ändert, werden die Menschen weiterhin kommen und dabei ihr Leben riskieren. Und keine noch so hohe »wunderschöne« Mauer kann sie davon abhalten.

Diese ernüchternde Logik habe ich zum ersten Mal verstanden, als ich im Sommer 2014 in genau dieser Gegend entlang der Grenze mit meinem Kamerateam unterwegs war, um einen *Weltspiegel*-Beitrag über die Grenztragödien zu drehen. Auf dem Weg von McAllen nach Falfurrias fuhren wir auf dem Highway 281 nach Norden, als wir am Straßenrand einen Jungen im hohen Gras kauern sahen und anhielten, um nach ihm zu sehen. Edi war gerade mal achtzehn Jahre alt, erzählte er, und stammte aus Guatemala. Der völlig verstörte Junge war geflohen, weil Gangs ihn und seine Mutter mit dem Tod bedroht hätten, falls er sich ihnen nicht anschlösse. Er war völlig dehydriert, seit Tagen unterwegs und, in der Gegend umherirrend, auch an einer Leiche vorbeigelaufen: »Nicht weit von hier. Und dann bin ich nur noch weggerannt. Ich hatte Angst.«

Edi wollte bis nach Los Angeles, »mit Gottes Hilfe«. Und es war klar, dass er keine Ahnung hatte, wie weit das noch war. Wir gaben ihm damals alles Wasser, das wir dabeihatten, auch Essen, doch mitnehmen konnten wir ihn nicht, wir hätten uns nach US-Recht strafbar gemacht. Das sind die Momente, in denen man als Reporter an seine Grenzen stößt.

Nun fahre ich wieder auf dem Highway 281 gen Norden. Als ich an der ungefähren Stelle vorbeikomme, an der wir Edi damals fanden, erinnere ich mich an das mulmige Gefühl, das mich beschlichen hatte. Hätten wir Edi der Grenzpolizei gemeldet, hätte diese ihn wieder genau dorthin schicken können, wo er hergekommen war. All seine Strapazen auf der Flucht, das Geld für die *coyotes*, alles wäre vergebens gewesen. Ganz zu schweigen von dem, was die Gangs in Guatemala mit ihm angestellt hätten. Aber in dieser Gegend ganz auf sich gestellt, war er in Lebensgefahr.

Das Tückische an dieser Landschaft ist, dass man sich schon auf amerikanischem Boden befindet, dabei aber in einer Todesfalle. Weil der unmittelbare Grenzverlauf entlang des Rio Grande so unübersichtlich ist, hat die Grenzpolizei etwa hundert Kilometer tief im Landesinneren einen Kontrollposten am Highway aufgebaut. Auf dieser Hauptachse nach Norden und in die übrigen USA muss jeder wohl oder übel vorbei. Also lassen die Schlepper die Flüchtlinge ein paar Kilometer vorher aussteigen, um sie jenseits des Kontrollpostens wieder aufzugabeln. Doch in diesem sandigen Buschland gibt es kaum Orientierung, viele irren dann im tödlichen Wüstenklima im Kreis umher, ohne ausreichend Wasser oder Nahrung.

Als ich jetzt auf den Kontrollpunkt zufahre, erkenne ich ihn kaum wieder. Die Grenzer winken mich durch eine riesige Baustelle, die Anlage wird gerade von vier auf vierzehn Spuren ausgebaut. Das Netz soll engmaschiger, die Kontrollen sowohl zügiger als auch flächendeckender werden. Sie richten sich nicht nur gegen illegale Einwanderung, sondern auch gegen Drogen, denn ein Großteil der Drogen wird über die normalen Verkehrswege und Grenzübergänge in Containern oder Lieferwagen ins Land geschmuggelt. Aber ist dieser riesige Ausbau wirklich notwendig oder doch eher Aktionismus, um zu zeigen: »Wir tun was«?

Ich fahre weiter zum nächstgelegenen Örtchen Falfurrias, zu Sheriff Benny Martinez. Er ist derjenige, der hier in Brooks County mit seinen Leuten ausrücken muss, um neu entdeckte Leichen zu bergen. Ihn hatte ich damals für meinen *Weltspiegel*-Beitrag interviewt, da war er noch Deputy. Am selben Tag, als Donald Trump zum Präsidenten gewählt wurde, gewann er die Abstimmung um das Sheriff-Amt. Ein Freudentag? Er wägt ab. Für ihn selbst schon, aber seither sei der Ton in der Gesellschaft gereizter, aggressiver geworden. Und dieses Gerede, *das Land zurückhaben zu wollen* ... es habe doch keine Gruppe einen alleinigen Besitzanspruch darauf. Das Geld für eine Mauer solle lieber in Prävention und gute Polizeiarbeit gesteckt werden. »Wenn du sie zehn Meter hoch baust, werden sie mit elf Meter hohen Leitern kommen.«

Benny Martinez ist ein nachdenklicher Typ mit einem müden, aber warmherzigen Blick. Er freut sich über den Besuch. An der Wand seines Vorzimmers zeigt er auf verschiedene angepinnte Fotos. Überrascht entdecke ich darunter eines, auf dem wir beide und mein Kamerateam posieren, damals geschossen als Erinnerung an den Dreh. »Kaum verändert, was?«, scherzt seine Assistentin amüsiert.

Der Sheriff hatte mir seinerzeit ganze Aktenordner voller gruseliger Bilder und Berichte über von der Sonne versengte und von Aasfressern entstellte Leichen gezeigt. Wenn Gräser und Büsche hochstehen, werden manche Opfer erst nach Monaten gefunden – wenn überhaupt. »Wir finden gerade mal einen von fünf, vielleicht sogar nur einen von zehn«, hatte Martinez mir damals erläutert: »Ich versichere Ihnen, es liegen noch eine ganze Menge unentdeckter Leichen da draußen.« Leider sei das mit den sterbenden Einwanderern für viele in Texas schon so alltäglich, dass es sie inzwischen fast kaltlasse.

Ob er selbst mittlerweile abgestumpft ist? Gerade eine Woche zuvor hat der Einundsechzigjährige eine Leiche, die schon eine Weile in einer Kiste gesteckt hatte, aus einem Lkw geborgen. »Keine Ahnung, ob sie ihn da drin vergessen haben oder keine Lust hatten, ihn zu entsorgen«, sagt Martinez bitter. Er musste den Mann, leichenstarr und schon voller Maden, aus der Kiste ziehen. »Bei so etwas kann man nicht abstumpfen, das lässt einen nicht kalt. Aber so richtig habe ich erst in den Tagen danach gespürt, wie nah mir das gegangen ist.«

Ich will wissen, ob die Situation besser geworden sei, ob die Tragödien weniger würden. Schließlich griffen die Grenzer ja deutlich weniger *crossers* auf, seit Trump im Amt sei; das müsse sich doch auswirken.

Sheriff Martinez schüttelt nur stumm den Kopf und zieht eine Statistik aus der Schublade. »Wir haben gerade die jüngsten Zahlen von Januar bis September 2017 eingetragen. Wir liegen da leider voll im Trend.« Seit unserem Dreh pendelte die Zahl der gefundenen Leichen in seinem Bezirk jährlich zwischen knapp über sechzig und knapp unter fünfzig. Und 2017 sollte keine Ausnahme werden – am Ende landete die Gesamtzahl für das Jahr bei 52 Toten. Sheriff Martinez wiederholt, was er mir damals schon gesagt hatte: »Es ist inakzeptabel, wir dürften so eine humanitäre Krise nicht zulassen, aber wir tun es. Wir sind doch besser als das – es ist eine Frage der Menschlichkeit.«

Beim Verabschieden stelle ich ihm doch noch die Frage, die mich den ganzen Nachmittag beschäftigt hat, ohne Hoffnung auf eine Antwort: Ob er zufällig etwas von Edi mitbekommen habe, dem Jungen aus Guatemala? Ich hätte ihm damals doch von ihm erzählt, und er hätte die Grenzer informiert, um nach ihm zu suchen. »Nein, leider keine Ahnung, was daraus geworden ist.« Martinez schüttelt den Kopf und schürzt die Lippen. »Aber wenn sie ihn aufgegriffen haben, dann stehen die Chancen gut, dass er nicht gleich abgeschoben wurde. Bei Jugendlichen ist meist mehr Spielraum.« Ich hoffe es. Was wirklich mit Edi passiert ist, werde ich wohl nie erfahren.

Doch so tragisch die humanitäre Krise in Mittelamerika und entlang der US-Südgrenze auch ist, der Anteil illegaler *crossers* an den geschätzt elf Millionen Menschen ohne Aufenthaltsgenehmigung in den USA ist überschaubar. Donald Trump mag das Bild seiner Mauer als eine Art letzten Schutzwall vor den *»bad hombres«* aus dem Süden (über-)zeichnen, aber in Wirklichkeit liegt dort gar nicht das »Einfallstor«. Denn die große Mehrheit dieser Menschen ist ursprünglich legal eingereist, meist mit einem Touristen- oder zeitlich begrenzten Arbeitsvisum – und dann einfach im Land geblieben. Eine befreundete Anwältin in Washington, D. C. betreut in ihrer Freizeit solche *illegals* und leistet ihnen juristischen Beistand. Kein Einziger davon, sagte sie mir einmal, sei nachts über irgendwelche Grenzanlagen geklettert oder durch den Rio Grande geschwommen. Nach Ablauf ihres Visums seien sie alle einfach unter- beziehungsweise eingetaucht in das breite, bewährte Netzwerk der Millionen, die sich ohne Aufenthaltserlaubnis ein Leben in diesem Land aufgebaut haben.

Ich bin oft verblüfft, wie viele Menschen in den USA keinen Bleibestatus haben, paradoxerweise aber einen Führerschein bekommen, ihre Kinder zur Schule schicken, sogar Unternehmen führen und Steuern zahlen. Entweder sind sie mittlerweile zu viele und zu etabliert, um sie alle aus dieser Gesellschaft herauszureißen, wie Trump im Wahlkampf angedroht hatte, oder die Behörden haben schlichtweg andere Prioritäten. Eine Rolle spielt sicher auch, dass es in den Staaten keine Meldepflicht gibt.

Zwar forderte Präsident Trump gleich zu Beginn vom Kongress die Finanzierung Tausender zusätzlicher Agenten für die U.S. Immigration and Customs Enforcement Agency (ICE) – und die Zahl der Festnahmen stieg auch deutlich an. Tatsächlich aber haben die Abschiebungen unter Trump noch nicht das Level seines Vorgängers erreicht, der mehr Menschen deportieren ließ als jeder Präsident zuvor.[55] Nicht umsonst verpassten Kritiker Barack Obama den Spitznamen *Deporter-in-Chief*. Dass es nun weniger Abschiebungen geworden sind, mag am Rückgang der *crossers* liegen oder am Rückstau der zu bearbeitenden Fälle in den Einwanderungsgerichten, aber der Fakt steht im erkennbaren Kontrast zu den grellen Forderungen, die Trump noch im Wahlkampf aufgestellt hatte.

Dagegen weitete Trump sehr wohl die Gruppe all derjenigen aus, die das Land grundsätzlich verlassen sollten. So schaffte er beispielsweise verschiedene Sonderschutzrechte für bestimmte Gruppen ab, etwa für 200 000 El Salvadorianer, die 2001 nach zwei verheerenden Erdbeben in die USA kommen durften. Die Gründe für diesen temporären Sonderstatus lägen nicht mehr vor – für Menschen, die sich siebzehn Jahre lang in den USA eine Existenz aufgebaut und Familien gegründet hatten, war dieser Schritt eine Katastrophe.

Obama mag viele Menschen abgeschoben haben, aber in der Regel deshalb, weil sie sich illegal *verhalten* hatten, nicht, weil sie illegal *waren*. Die tiefe Verunsicherung, ja geradezu Panik, die der neue Ton im Weißen Haus unter den dokumentenlosen Menschen in den USA auslöste, schlägt quer durch die amerikanische Gesellschaft Wellen. Nirgendwo wächst diese Verunsicherung wohl täglich mehr als unter den sogenannten *dreamers*, den »Träumern«. So werden die jungen Menschen bezeichnet, die mit ihren illegal eingewanderten Eltern als Kinder in die USA kamen. Die Bezeichnung ist nicht zufällig eine Anspielung auf den amerikanischen Traum. Sie leitet sich von einem Gesetzentwurf aus dem Jahr 2001 ab, dem Dream Act, der diesen jungen Leuten, die ja ohne ihr Zutun eingewandert waren, den Weg zu einem dauerhaften Aufenthaltsstatus ebnen und somit die Chance auf den amerikanischen Traum gewähren sollte. Doch das überparteiliche Vorhaben scheiterte immer wieder im Kongress. Als sich auch unter Präsident Obama kein Kompromiss für eine Einwanderungsreform abzeichnete, schuf dieser per Dekret (Executive Order) am Kongress vorbei eine Übergangslösung: DACA, kurz für »*Deferred Action for Childhood Arrivals*« – »Aufgeschobenes Handeln für im Kindesalter Eingereiste«. Wer bestimmte Voraussetzungen erfüllte, also beispielsweise keine Vorstrafen hatte, war für jeweils zwei Jahre vor Abschiebung sicher, konnte studieren, arbeiten, sogar reisen. Verlängerungen dieser Frist mussten immer wieder neu beantragt werden. Die Maßnahme betraf um die 800 000 junge Menschen, sie war ein zentrales Projekt seiner Präsidentschaft. »Wir müssen die Debatte um Immigration vernünftig und mit Empathie führen und uns dabei auf unsere Hoffnungen konzentrieren, nicht unsere Ängste«, so Obama.

Doch es gibt eine Redensart in der amerikanischen Politik: »Du lebst mit Executive Orders, du stirbst mit Executive Orders.« Diese sind eben keine von der Legislative verabschiedeten Gesetze und können mit einem einzigen Federstrich der Exekutive wieder aufgehoben werden – was Obamas Nachfolger im September 2017 mit seiner schwungvollen Unterschrift dann auch tat (eine weitere Abwicklung eines Obama-Projekts, die Trump stolz den Kameras entgegenhielt). Stattdessen sollte der Kongress sich jetzt um eine dauerhafte Lösung kümmern, wie auch immer diese aussehen würde. Wie schlecht das gelingt, zeigte sich, als im Januar 2018 der Streit um diesen Punkt einen Haushaltsentwurf platzen ließ und der US-Regierungsapparat kurzzeitig in einen *shutdown*, einen Stillstand lief.

Dabei sind sich eigentlich beide Seiten einig, dass es Wahnsinn wäre, diese jungen, motivierten Einwanderer in ein Herkunftsland, das sie gar nicht kennen, zurückzuschicken, obwohl sie meist hervorragend integriert und ein höchst talentierter, leistungsfähiger Bestandteil der amerikanischen Gesellschaft geworden sind. Aber eine dauerhafte Lösung des Problems scheitert bislang am Wie.

Was diese nervenzehrende Hängepartie für die *dreamers* persönlich bedeutet, erlebe ich, als ich in Baltimore Nathaly Uribe treffe. Die junge Frau stammt aus Valparaiso in Chile und kam als Zweijährige in die USA, als ihre Eltern den Nachwehen der Pinochet-Diktatur (die bekanntlich durch einen von den USA geförderten Militärputsch erst möglich wurde) sowie einer unsicheren Zukunft entfliehen und ihrer Tochter bessere Perspektiven bieten wollten. Mit einem Touristenvisum reisten sie ein und landeten schließlich in der Hafenstadt Baltimore, weil dort schon andere Familienmitglieder lebten. Und sie blieben.

»Das hier«, sagt sie und holt ein kleines Stück Papier hervor, das sie behutsam wie einen Schatz behandelt, »ist so wertvoll wie Gold. Es ist der Kontrollabschnitt meines damaligen Einreiseformulars.« Ich schaue mir das leicht vergilbte Dokument an. Der Stempel darauf zeigt ein Datum: 28. September 1997. Es ist der Nachweis, dass sie seitdem ununterbrochen in diesem Land lebt, und war essenziell, um sich für das DACA-Programm zu qualifizieren. Genauso notwendig wäre es für alle eventuellen künftigen Anträge. Sie trägt es immer bei sich, Kopien sind im ganzen Haus und bei Nachbarn verteilt.

Ihre jüngere Schwester wurde in den USA geboren, ist somit US-Staatsbürgerin und folglich geschützt, aber Nathaly und ihre Eltern sind es nicht. Die drohende Abschiebung hängt wie ein Damoklesschwert über der Familie. Die Dreiundzwanzigjährige kann kaum darüber sprechen, welche Anspannung dies für den Alltag bedeutet, ohne immer wieder in Tränen auszubrechen. Ihr Vater arbeitet auf dem Bau, hatte sogar kurzzeitig eine eigene Firma, die pleiteging, als ein Geschäftspartner seinen unsicheren Status ausnutzte und eine Zahlung schuldig blieb. Wenn ihr Vater gelegentlich nicht wie gewohnt gegen 18 Uhr zu Hause ist, wird sie unruhig. Wenn er dann auch nicht an sein Handy geht, wird sie panisch. »Die Frage, ob ICE-Beamte ihn aufgegriffen haben könnten, schwingt immer im Hinterkopf mit. Die Angst davor gehört zu unserer Normalität«, sagt sie düster.

Nathaly war eine gute Schülerin, mittlerweile arbeitet sie als Maklerin in einer Versicherungsagentur. Ihr Chef hat noch zwei weitere *dreamer* eingestellt und ihnen eine Chance gegeben, weil er gute Erfahrungen mit den *dreamers* gemacht hat. Das DACA-Programm, für das Nathaly sich gleich 2012 anmeldete, war für sie nicht nur ein lang ersehnter Schritt aus dem Schatten der Illegalität, sondern ein erleichternder Moment des Ankommens: »Plötzlich fühlte ich mich in dem Land, in dem ich aufgewachsen bin, das ich meine Heimat nenne, akzeptiert.« Der emotionale Aspekt dieser präsidentiellen Maßnahme hatte eine noch viel größere Wucht als der praktische: »Es war fantastisch und unheimlich befreiend, es setzte enorme Kräfte frei.«

Dass Präsident Trump das Programm auslaufen ließ, zog Nathaly den Boden unter den Füßen weg. Sie ist wütend und frustriert darüber, dass sie, obwohl sie persönlich nichts falsch gemacht hat, nichts Illegales getan hat und letztlich nichts dafür kann, dass sie in den USA lebt, jetzt wieder mit dem Risiko einer Abschiebung leben muss. Sie spricht fließend Spanisch, aber nach Chile zurückzukehren, in eine fremde Kultur, eine fremde Gesellschaft, kann sie sich absolut nicht vorstellen.

Ich kann sie gut verstehen. Als meine Familie und ich nach Washington zogen, war meine jüngere Tochter auch gerade zwei Jahre alt, genau wie Nathaly, als ihre Eltern sie in die USA mitnahmen. Als wir nach Deutschland zurückkehrten, war sie eine waschechte Amerikanerin geworden. Englisch war ihre Muttersprache, sie hatte keine Erinnerungen an Deutschland. Washington war zu hundert Prozent ihre Heimat, und das nach nur drei Jahren. Wie viel drastischer muss eine solche Entwurzelung nach mehr als zwanzig Jahren sein?

Nathaly hat zwar Verständnis für die Einwände von Kritikern, die gegen »Abkürzungen« sind und sagen, »wir haben nichts gegen Einwanderung, aber stellt euch gefälligst hinten an, schummelt euch nicht ins Land, sondern durchlauft den legalen Prozess, den es dafür gibt«. »Aber es ist ja nicht so, dass die Einwanderer diese legalen Wege nicht beschreiten wollten. Es ist vielmehr so, dass ihre Situation in ihren Herkunftsländern oft derart dramatisch ist, derart verzweifelt, dass viele nicht darauf warten können, jahrelang die Mühlen des bürokratischen Einwanderungsprozesses zu durchlaufen.«

Doch die Kritiker und Einwanderungsgegner spüren unter dem aktuellen Präsidenten Aufwind. Nathaly erzählt mir von einem Vorfall kurz nach der Wahl, als ihre Mutter an einer Kreuzung wartend im Auto saß, die Fenster geöffnet, aus ihrem Radio klangen Latin-Beats. Plötzlich fuhr ein Wagen an ihr vorbei und jemand brüllte ihr durchs Fenster zu: »Trump hat gewonnen, das ist jetzt Trumps Amerika! Geh doch dahin zurück, wo du herkommst!« Seitdem geht sie etwas vorsichtiger durch die Straßen. »Rassismus gab es schon immer«, sagt Nathaly, »aber Trump hat ihn akzeptabler gemacht. Plötzlich ist es offenbar ›okay‹, ein wenig rassistischer, ein wenig diskriminierender zu sein. Er hat nicht nur Angst vor Einwanderern geschürt, sondern generell vor dem ›Anderen‹. Welch ein Rückschritt.«

Gleichzeitig hat die neue Situation aber auch viele Menschen wachgerüttelt, zusammengeschweißt, eine Gegenbewegung angestoßen. Auch Nathaly engagiert sich in einem örtlichen Verein, der sich um die Angelegenheiten von Latinos im Großraum Baltimore kümmert. »Ich habe noch nie so viel gegenseitige Unterstützung innerhalb der Communities erlebt, so viele Aktionen, so viel Gemeinschaftsgefühl im Widerstand«, sagt Nathaly. Ihr Traum, sagt sie schüchtern grinsend, sei es, in die Politik zu gehen – Fernziel: Kongressabgeordnete. Mit dieser Motivation traue ich ihr das in ferner Zukunft sogar zu. Zuvor müsste allerdings ihre unmittelbare Zukunft, ihr Aufenthaltsstatus geklärt werden.

Was mir an der Debatte um die *dreamers*, die Grenze und die Einwanderung auffällt, ist eine gewisse Prinzipienreiterei, vor allem bei den Gegnern des sogenannten *path to citizenship*, dem Weg zu einem US-Pass für Eingewanderte. Vielleicht schwingt da auch ein gewisser Rassismus mit unter denen, die den anteiligen Rückgang der Weißen in der amerikanischen Bevölkerung befürchten, aber am meisten ärgert sie, wenn jemand »mit etwas davonkommt«, wenn jemand sich nicht an Regeln und Gesetze hält und dann quasi dafür »belohnt« wird mit einer Amnestie oder einem legalen Aufenthaltsstatus. Das kann ich grundsätzlich nachvollziehen – auch ich finde, dass Gesetze einzuhalten sind und Regeln für alle gelten. Und natürlich geht es nicht, dass die Grenzen weit geöffnet und für alle passierbar werden, die kommen wollen. Das hätte unabsehbare Folgen, ein Rechtsstaat darf niemals die Kontrolle verlieren. Aber mir scheint in diesem speziellen Fall der *dreamers* ein maßvoller Pragmatismus nützlicher, auch wenn dies für die Gegner der illegalen Einwanderung kein Kriterium zu sein scheint.

Ausgerechnet die Ikone der konservativen Republikaner, für die das Wort »Amnestie« eigentlich ein Schimpfwort ist, hat das offenbar genauso gesehen: Ronald Reagan. Er unterschrieb 1986 den Immigration Reform and Control Act, durch den 2,7 Millionen Menschen, die vor 1982 illegal in die USA gekommen waren, einen dauerhaften legalen Aufenthaltsstatus bekamen. Das Gesetz öffnete ihnen einen Weg zur amerikanischen Staatsbürgerschaft, den 1,1 Millionen von ihnen auch erfolgreich gingen. Gekoppelt war diese Amnestie an schärfere Grenzkontrollen und heftige Strafen für alle Arbeitgeber, die wissentlich *illegal aliens* beschäftigten.[56]

Das ursprüngliche Motiv hinter dem Gesetz war, eine Art Schlussstrich zu ziehen und gleichzeitig weitere illegale Einwanderung zu stoppen. Offensichtlich hat letzteres nicht funktioniert, vor allem, weil seitdem nicht nur mexikanische Gastarbeiter »rübermachten«, sondern zunehmend Menschen, die aus verschiedenen Ländern vor Bürgerkriegen, Gewalt, Bandenkriminalität, Korruption und Armut flohen. Und so leben gut dreißig Jahre später eben besagte elf Millionen Menschen ohne Papiere in den USA.

Dennoch: Für diejenigen, die damals unter Reagan in den Genuss dieser Amnestie kamen, war sie eine klare Wende zum Besseren. Und was die USA im Gegenzug erhielten, wird mir bewusst, als ich am westlichsten Zipfel von Texas auf einer Anhöhe stehe. Unter mir breitet sich die Grenzstadt El Paso aus, die scheinbar nahtlos übergeht in die Schwesterstadt auf der anderen Seite des Rio Grande, Ciudad Juárez. Zusammen bilden sie eine ausufernde Metropolregion, die Häuser ziehen sich die Berghänge hinauf, der Anblick erinnert mich an die Bilder von Medellín im Vorspann der TV-Serie *Narcos*. Um Drogen geht es auch in Ciudad Juárez, das lange als die Mordkapitale Mexikos galt. Doch die Kartelle scheinen weniger aktiv zu sein – oder der wirtschaftliche Aufschwung macht sich bemerkbar; jedenfalls sei das Problem der alltäglichen Gewalt wesentlich besser geworden, sagen die Einheimischen.

Während ich meinen Blick schweifen lasse, rangiert ein etwas klappriger Imbiss-Lieferwagen in eine der Parklücken vor diesem Aussichtspunkt. »Rainbow Ice Cream« steht darauf, und drinnen sitzt eine Frau um die sechzig, eine Latina, die von Cheetos-Chips bis Snow-Cone-Wassereis einen ganzen Regenbogen an Snacks anbietet, die meine Kinder ins Schwärmen brächten. Beim Vorbeigehen winkt sie mir zu und fragt, woher ich denn käme. »Germany!« – »Ah«, nickt sie nur. Es scheint sie nicht sonderlich zu überraschen, Deutsche sind sie hier gewohnt. Die deutsche Luftwaffe trainiert im von hier oben sichtbaren Fort Bliss ihre Soldaten an Patriot-Abwehrraketen.

Was ich denn vom Präsidenten halte, fragt sie.

»Nun ...«, setze ich an.

Sie fängt lauthals an zu gackern: »Dieser Idiot!« Wir kommen ins Gespräch, und Maria Ofelia Robledo beginnt, mir ihre bewegte Lebensgeschichte zu erzählen, auf die sie offensichtlich stolz ist. Wie sie auf der mexikanischen Seite der Grenze aufgewachsen ist, später mehrfach versucht hat, in die USA hinüberzukommen, so oft, bis sie es endlich schaffte. Wie sie schließlich schwanger wurde und plötzlich alleinerziehende Mutter war. Damals habe sie aus Not begonnen, mexikanische Bonbons auf der Straße zu verkaufen. Dann kamen Chips dazu, andere Süßigkeiten, ein ganzer Bauchladen – alles für ihren Sohn. Der nahm als Schüler nicht nur erfolgreich an Buchstabierwettbewerben teil und machte seinen Highschool-Abschluss, sondern diente diesem Land dann auch noch als Soldat in Afghanistan. Heute ist er Anwalt in Houston. Und Maria betreibt diesen rollenden Kiosk. Der gelebte amerikanische Traum.

Offenbar schaue ich ein wenig skeptisch, denn aufgeregt holt Maria unter ihrem Sitz einen alten, laminierten Artikel einer Lokalzeitung hervor und streckt ihn mir vors Gesicht: »Da steht alles drin, mit Fotos!« Stolz präsentiert sie ein weiteres Foto von der Uni-Abschlussfeier ihres Sohnes. So kitschig diese Happy-End-Story auch klingen mag, sie wäre nicht möglich gewesen, wenn es nicht das Reagan'sche Amnestie-Gesetz gegeben hätte. Denn Maria ist eine der 2,7 Millionen, die dank Reagan plötzlich eine Aufenthaltserlaubnis in diesem Land hatten und aus dem Schatten der Illegalität in die Öffentlichkeit treten konnten. »Sí«, nickt sie entschieden, »ich habe Amnestie bekommen.« Was die amerikanische Gesellschaft dafür zurückbekommen hat an harter Arbeit, an leidenschaftlicher Anstrengung, an Dankbarkeit, Motivation und an einer nächsten Generation, die sogar an der Front ihr Leben riskiert hat, ist unermesslich.

Diesen Schritt eines Amtsvorgängers zu wiederholen wäre mutig, sicher auch kontrovers, und würde viele an Trumps konservativer Basis verärgern. Aber der Präsident würde auf breiter, überparteilicher Basis eine Menge Zustimmung, Anerkennung und Lob dafür erhalten. Und ist das letztlich nicht die Währung, die für Donald Trump am meisten zählt?

# 6

# Der Widerstand

Rund um den Dupont Circle in Downtown D. C. wären sie mir wohl nicht sofort aufgefallen. Das Viertel unweit des Weißen Hauses gilt in Amerikas Hauptstadt als ein Zentrum der vielfältigen LGBT-Community, also der Lesben, Schwulen, Bisexuellen und Transgender-Menschen. Dort hängen die Regenbogenfahnen in vielen Geschäften, Restaurants oder über Hauseingängen – sie sollen die Vielfalt, Toleranz und Akzeptanz der unterschiedlichsten Lebensformen ausdrücken und feiern. Hier im äußersten Nordwesten des District of Columbia aber, in unserer ehemaligen Nachbarschaft, hatte ich früher höchstens hier und dort mal eine gesehen. Nun jedoch sind ganze Straßenzüge damit gepflastert, mal in klassischer Form, mal als US-Flagge mit bunten statt den üblichen rot-weißen Streifen. Noch dazu stehen hier und dort Schilder in den Vorgärten mit Schriftzügen wie *»No matter where you are from, you are welcome!«* – »Egal, woher du kommst, du bist willkommen!« oder *»We don't discriminate!«* – »Wir diskriminieren nicht!«

Verwundert blicke ich zu unserer Freundin Andrea, mit der wir gerade an diesem sonnigen Herbstnachmittag, ein Jahr nach der Wahl, auf alten Pfaden spazieren gehen. Ist die Nachbarschaft jetzt ein neues Zentrum der Szene geworden, oder hatten sich plötzlich ganz viele hier geoutet? »Keineswegs«, erwidert Andrea lachend, »das sind alles Zeichen des Protestes, des ungebrochenen Widerstands!« Aber gegen wen oder was?, frage ich.

Ein Jahr zuvor war der designierte Vizepräsident Mike Pence vorübergehend in ein Haus hier in der Nähe gezogen, um die Übergangszeit bis zur Amtsübernahme zu überbrücken. Pence, der sich selbst als Christ, Konservativer und Republikaner bezeichnet (»in dieser Reihenfolge«), gilt als strammer Verteidiger der Ehe als einer Institution zwischen Mann und Frau und hatte sich in seinen Jahren als Kongressabgeordneter und später als Gouverneur des US-Bundesstaates Indiana einen Namen als Vorkämpfer der christlichen Rechten gemacht, der vehement gegen die gleichgeschlechtliche Ehe und andere gleichstellende Maßnahmen für Homo-, Bi- oder Transsexuelle war. Und nun wohnte dieser Mann um die Ecke. Also hatten die Anwohner überall Regenbogenflaggen in ihre Vorgärten gehängt, damit Pence täglich auf dem Weg zur Arbeit daran vorbeifahren musste und der Botschaft ausgesetzt war: *Wir finden deine Politik nicht in Ordnung, wir halten dagegen.*

Zwar zog Pence nur wenige Wochen später in die Residenz des Vizepräsidenten, das Naval Observatory nahe der Washington Cathedral, aber die Regenbogenfahnen blieben hängen, die Schilder in den Vorgärten stehen, auch ein Jahr danach noch, als sichtbares Zeichen der Solidarität mit allen, die sich von der Politik dieser Regierung ausgeschlossen fühlen.

Die Haltung erinnert mich an die ersten Wochen unter der neuen Präsidentschaft, die ganz im Zeichen des Widerstands gestanden hatten. Direkt am Tag nach Trumps Amtseinführung fand auf derselben Mall, wo tags zuvor noch die angeblich »größte Menschenmenge aller Zeiten« (Zitat Sean Spicer, damaliger Regierungssprecher) der Machtübergabe zugejubelt hatte, der Women's March on Washington statt. Offiziell war das eine Solidaritätskundgebung für Frauenrechte und soziale Gerechtigkeit, aber die Botschaft der mehr als einer halben Million Menschen war glasklar gegen den neuen Machthaber gerichtet, dessen Reden sie als frauenfeindlich und rassistisch empfanden. Viele trugen sogenannte *pussyhats*, also aus rosa Wolle gestrickte Mützen mit Zipfeln, die an die Ohren von Katzen (*pussycats*) erinnern sollten, aber vor allem auf Trumps Aussage auf dem berüchtigten *Access-Hollywood*-Mitschnitt anspielten (*»You can grab 'em by the pussy …«*).

Parallel fanden überall im Land ähnliche Solidaritätskundgebungen statt, in Metropolen wie Boston, Chicago oder Los Angeles, aber auch weltweit. Sogar in unserer Wieder-Heimat Hamburg hatte der lokale Ableger von Democrats abroad (Demokraten im Ausland) einen Marsch vom Rathausmarkt zum US-Konsulat an der Außenalster organisiert. Das *»Make America Think Again«*-Plakat, das meine ältere Tochter dafür gestaltet hatte und das sie dann stolz vor sich hertrug, hängt heute noch in ihrem Kinderzimmer.

In Washington ging das eine ganze Weile so. Dem Women's March folgten Demonstrationen von Wissenschaftlern, von Umweltschützern, von Aktivisten unterschiedlichster Art. »Statt am Wochenende zu den Fußballspielen unserer Kinder zu gehen, gehen wir jetzt immer auf Demos«, berichtet uns Andrea, *»it's what we do now«* – »das muss man jetzt tun.«

Die beiden Uniprofessoren Erica Chenoweth und Jeremy Pressman begannen am Tag des Women's March, die im ganzen Land stattfindenden Demonstrationen zu zählen, und kamen mit ihrem Projekt »Crowd Counting Consortium« für das Jahr 2017 auf mehr als 8700 Demos, davon etwa drei Viertel gegen Präsident Trump, gegen seine Politik und seine Aussagen.[57] Ich glaube, bei diesen ging es nicht nur darum, ein Zeichen zu setzen, sondern sie hatten auch einen gewissen therapeutischen

Effekt: So eine Demo bot Menschen die Möglichkeit, ihrer Ohnmacht angesichts der jüngsten politischen Entwicklungen zu entfliehen und aktiv, in Gemeinschaft mit ähnlich Denkenden die eigene Frustration hinauszuschreien.

Irgendwann jedoch läuft jeder Ausnahmezustand Gefahr, in einen Gewöhnungszustand überzugehen. Die Schwierigkeit, Empörung dauerhaft aufrechtzuerhalten, habe ich bereits angesprochen – es fällt immer schwerer, nicht abzustumpfen gegenüber gravierenden Normveränderungen und Verschiebungen der Grenzen von Anstand und Moral. Wenn der Geist erst einmal aus der Flasche ist, wird es schwer, ihn wieder hineinzubekommen. Das Abnorme wird zum *»new normal«*, zum neuen Normalen.

Und ein gewisses Schulterzucken habe ich in den USA nach dem ersten Amtsjahr durchaus festgestellt. So waren zum Jahrestag von Trumps Amtseinführung zwar auch über das ganze Land verteilt wieder Hunderttausende in Protestzügen auf der Straße, aber eben nicht ganz so viele wie im Vorjahr. Dennoch denke ich nicht, dass es jemals eine völlige Normalisierung dieser anormalen Präsidentschaft geben wird – dafür wird Donald Trump schon sorgen.

Zudem ist eine Entwicklung unübersehbar, die auf den ersten Blick nicht so plakativ ist wie Demonstrationen in den Innenstädten oder Aufmärsche vor dem Weißen Haus, die aber einen immer stärkeren Gegenpol zur Regierung und ihren Anhängern bildet: das Erwachen eines starken zivilgesellschaftlichen Engagements, eine plötzlich empfundene Verpflichtung, etwas zu tun, auch im Alltag aktiv zu werden, ein Zusammenrücken, wie es Nathaly Uribe in Baltimore beschrieben hat. Plötzlich merken viele Amerikaner, dass gesellschaftlicher Fortschritt nicht automatisch weiterläuft. Natürlich wurde über die Jahrhunderte viel erreicht; Diskriminierung, Armut und Ungleichheit wurden zunehmend zurückgedrängt, vom Frauenwahlrecht über die schwarze Bürgerrechtsbewegung bis hin zur Akzeptanz der gleichgeschlechtlichen Ehe hat sich einiges getan. Die Integration von Minderheiten wie Transgender-Menschen ist heute ein viel größeres Thema als noch vor wenigen Jahren. Und doch vergisst man schnell, dass diese Veränderungen das Ergebnis jahrelanger Kämpfe, des Bohrens dicker Bretter sind und keineswegs die Ergebnisse irgendeines Automatismus.

Vermutlich war das naiv, aber auch ich war ja, in der behüteten, kriegsverschonten Realität einer mitteleuropäischen Demokratie lebend, irgendwie immer davon ausgegangen, dass Toleranz gegenüber Minderheiten, Menschenwürde, Weltoffenheit und Mitbestimmung Teil einer natürlichen Entwicklung seien. Bis mich der Brexit, die Flüchtlingsdebatte und das Erstarken von Populismus und autoritären Tendenzen mitten in Europa auf den Boden der Tatsachen holten. Vermutlich stimmt das Bild, wonach Fortschritt eben nicht linear abläuft, sondern Wellenbewegungen folgt, in denen dieser immer wieder zurückgeworfen wird, ehe es anschließend weiter nach vorne geht.

Die Trump-Wahl war für viele Amerikaner offenbar eine Art heilsamer Schock, der sie aus ihrer Lethargie und Ignoranz wachgerüttelt hat. Die Einsicht, die sich seither herausgebildet hat, lautet: Für die Gesellschaft, in der man leben möchte, muss man etwas tun. Empörung allein reicht nicht.

Das klingt selbstverständlich, geradezu nach plattem Allgemeinplatz, aber offenbar ist das vielen erst durch die aktuellen Entwicklungen wirklich bewusst geworden. Die Opposition ist so motiviert wie seit Jahrzehnten wohl nicht. Ich traf auf einer Hochzeit eine Seniorin aus New Jersey, die mir versicherte, nie zuvor politisch sonderlich aktiv gewesen zu sein. Aber mit leuchtenden Augen berichtete sie mir, auf welche Treffen mit welchen Themen sie nun gehe – nicht nur auf jene der Demokraten, sondern auch lokaler Graswurzelbewegungen. Sie erzählte, dass gerade in ihrer Generation derzeit sehr viel in Bewegung sei, und drückte mir später noch einen ganzen Stapel Zettel in die Hand. Diese hatte sie beidseitig eng beschrieben mit den aktuellen Büchern, die ich lesen solle, den Staaten, auf die es bei den Zwischenwahlen im November 2018 besonders ankomme, und den politischen Entwicklungen, die ich im Auge behalten müsse, von der Mueller-Untersuchung bis zu einem Prozess gegen den Zuschnitt einiger Wahlkreise in Wisconsin. Wenn die aufgescheuchten Bürger alle so brennen wie diese Dame, muss man sich um die amerikanische Demokratie keine Sorgen machen.

Im Fahrwasser dieser neuen Politisierung sehe ich übrigens auch das enorme Echo, das die #metoo-Debatte ausgelöst hat. Denn viele der Übergriffe in der Medien-, Polit- oder Wirtschaftsszene waren anscheinend kein großes Geheimnis. Es bedurfte aber einer nun endlich erreichten Gemütslage, um diese Empörungswucht zu entfalten. Der Präsident »förderte« dieses Umfeld, indem er mit sexueller Nötigung prahlte (»*When you're a star, they let you do it. You can do anything.*« – »Wenn du ein Star bist, lassen sie es dich tun. Du kannst alles machen.«), sich damit selbst Vorwürfen sexueller Nötigung aussetzte oder mit Roy Moore in Alabama einen (letztlich erfolglosen) Senatskandidaten unterstützte, gegen den Anschuldigungen wegen sexueller Nötigung von Minderjährigen im Raum standen. Natürlich gilt auch in so einem Fall erst einmal die Unschuldsvermutung, aber welches Signal sendet ein Präsident aus, der unbeirrt an einem Kandidaten festhält, gegen den Anschuldigungen von mehreren Frauen vorliegen?

Die Energie für den Widerstand gegen die Trump-Agenda ist also da. Doch stellten sich viele schon früh die Frage: Wie setzt man diese Energie um? Wie lässt sich daraus eine fokussierte, progressive Graswurzelbewegung organisieren, die sich erfolgreich gegen die Richtungsänderung in Washington und im Land zur Wehr setzt? Möglichst nahbar, zugänglich und lokal? Und nicht zwingend unter dem Dach der oppositionellen Demokratischen Partei?

Natürlich läuft in Zeiten der Digitalisierung auch der Widerstand übers Internet. Nach der Wahl sind zahlreiche Webseiten und Apps entstanden, die Gleichgesinnte vernetzen, zusammenführen, aufrütteln. Eine der erfolgreichsten dieser Organisationen, die nach eigenen Angaben mittlerweile landesweit um die sechstausend lokale Gruppierungen unter ihrem Schirm versammelt hat, ist *indivisible.org*. *Indivisible*, also »unspaltbar« – der Name ist Programm. Es geht den Verantwortlichen der Seite darum, möglichst vereint in die Auseinandersetzung zu gehen, um geschlossen Trump und den Kräften der Alt-Right-Bewegung die Stirn zu bieten. Das Vernetzen von progressiven Gleichgesinnten ist aber nur ein Aspekt. Auf der Webseite kann man auch einen Leitfaden (*A Practical Guide for Resisting the Trump Agenda*) herunterladen, der einem Tipps für den Widerstand gegen die aktuelle Regierung gibt sowie eine Schritt-für-Schritt-Strategie dafür aufzeigt, wie man seinen Kongressabgeordneten am besten »bearbeitet« und von seiner Sache überzeugt. Dieser *Guide* verfolgt die Absicht, »sowohl das Rückgrat der Demokraten zu stärken als auch die Pro-Trump-Entschlossenheit der Republikaner zu schwächen«.[58]

Interessant daran finde ich weniger die Motivation der Macher als deren Vorgehensweise. Denn ganz unverhohlen geben sie zu, die Taktiken und Praktiken des politischen Gegners zu kopieren – der verhassten, erzkonservativen Tea-Party-Bewegung, dieser kleinen, aber lauten radikalen und unbeugsamen Fraktion innerhalb der Republikaner. Nicht aus Bewunderung – im

Gegenteil, an mehreren Passagen im Text entschuldigen sie sich geradezu dafür –, sondern weil deren Taktiken offenbar funktionieren. Die Gründer von *indivisible* sind allesamt ehemalige Mitarbeiter von demokratischen Kongressabgeordneten, die in der Ära Obama miterleben mussten, wie die Tea Party immer wieder erfolgreich Obamas Initiativen torpedierte, indem sie sich ausschließlich auf die lokalen Interessen ihrer Wahlkreise konzentrierte, statt auf das Allgemeinwohl des Landes zu blicken, und vor allem mit einem kompromisslosen Nein auftrat. Diese rein blockierende Negativhaltung propagieren nun auch die Verfasser des *Guide*. Dass diese nur zerstörend wirkt und einzig aufs Verhindern statt auf konstruktive Gegenvorschläge ausgerichtet ist, bedauern sie zwar, aber es gehe jetzt nun einmal in erster Linie darum, das Schlimmste zu verhindern. Später könne man ja wieder konstruktiv werden.

Ich verstehe die Frustration aufseiten der Widerstandsbewegung durchaus. Aber wenn sie die gleichen unversöhnlichen Taktiken anwendet wie die Tea Party – muss das nicht zu einer schädlichen Radikalisierung auch im Anti-Trump-Lager führen? Kann man Feuer wirklich mit Feuer bekämpfen? Führen Dogma und Kompromisslosigkeit nicht zu genau der polarisierten Situation, in der sich das Land leider gerade befindet?

Die Strategie des *Guide* setzt auf einen ganz bestimmten Hebel, nämlich darauf, dass das Repräsentantenhaus alle zwei Jahre neu gewählt wird. Die Abgeordneten befinden sich daher permanent im Wahlkampfmodus und fühlen sich, um ihren Job zu behalten, mehr als allem anderen ihrem Wahlkreis verpflichtet. Sie sind also für die Stimmungen und Wünsche ihrer Wählerinnen und Wähler sehr viel »anfälliger« und eher geneigt, diese um jeden Preis umzusetzen, als beispielsweise Bundestagsabgeordnete. Wegen der äußerst fragwürdigen Praxis des *gerrymandering*, bei dem beide Parteien Wahlkreise immer wie-

der so »zurechtschneiden«, dass sie jeweils bestimmte Wählergruppen »einpferchen« beziehungsweise ausschließen, können
sich Politiker ganz auf bestimmte Wählergruppen konzentrieren, ohne möglichst viele Bürger in der Mitte ansprechen zu
müssen. Besonders demokratiefördernd scheint mir das nicht
zu sein, aber anders als im Verhältniswahlrecht ist dies im amerikanischen Mehrheitswahlrecht nun einmal möglich.

Während die einen versuchen, die Kongressabgeordneten zu
*beeinflussen*, versuchen andere Organisationen, diese gleich ganz
*auszutauschen*. Denn ihre ebenso nüchterne wie pragmatische
Einsicht lautet: Auf der Straße moralische Erregung zu schüren
reicht nicht – entscheidend ist, wo die Wähler ihr Kreuzchen
hinsetzen. Veränderung kann nur stattfinden, wenn es eine breite Bewegung gibt, die Entscheidungsträger auf allen staatlichen
Ebenen stellt beziehungsweise erreicht. Zwar gewann Trump so
viele absolute Stimmen wie noch kein anderer republikanischer
Kandidat vor ihm, aber seinen Sieg verdankte er hauptsächlich
dem Umstand, dass Hillary Clinton, die ja fast drei Millionen
Stimmen mehr holte, in den entscheidenden Staaten die demokratischen Wählerschichten nicht ausreichend an die Wahlurne
lockte. Salopp gesagt: Die Demokraten haben die Wahl im November 2016 schlicht verpennt.

Diese *low energy underperformance* soll sich nicht wiederholen.
Daher spüren jetzt Organisationen mit demokratischer, libe-
ral-progressiver Agenda, die teilweise schon länger existieren,
eine neue Welle der Unterstützung. Dazu gehören zum Beispiel
MoveOn.org (#resist) oder Emily's List. Letztere wurde ursprünglich als Lobbygruppe gegründet, um aufseiten der Demokraten Frauen in gewählte Ämter zu bringen, die das Recht
auf Abtreibung unterstützen. Jetzt erlebt das grundsätzlichere
Ziel – mehr Frauen in die Politik – einen ungeahnten Höhen-
flug. Frauen fachen nicht nur Graswurzelbewegungen an,

sondern bewerben sich nun mehr denn je selbst um Ämter, auf lokaler, regionaler und nationaler Ebene. Die Zahl potenzieller demokratischer Herausforderinnen um die Sitze im Repräsentantenhaus beispielsweise ist im Vergleich zu den 41 Kandidatinnen von 2016 um 350 Prozent gestiegen.[59] Vor der Wahl hatten 900 Frauen Emily's List kontaktiert; seit dem Sieg von Donald Trump – dem Mann, der im Wahlkampf mit seinem Gemächt prahlte – sind es 26 000. Der Widerstand ist weiblich.

Eine dieser Frauen ist Veronica Escobar. Sie bewirbt sich zum ersten Mal für das Repräsentantenhaus, im 16. Wahlbezirk von Texas. Sollte sie im November 2018 tatsächlich von ihrer Heimatstadt El Paso nach Washington geschickt werden, wäre sie die allererste Latina aus Texas im US-Kongress überhaupt. Was ein längst überfälliger Schritt wäre, allein schon, weil fast 40 Prozent der Texaner Latinos sind. Zwar war die zweifache Mutter mehrere Jahre als County Judge in El Paso aktiv, bekleidete also eine lokalpolitische Funktion zwischen Amtsrichterin und Stadträtin. Aber sie hatte nie geplant, sich eines Tages für den Kongress im fernen Washington zu bewerben – bis Donald Trump Präsident wurde. Seine ressentimentgeladene Rhetorik gegenüber Einwanderern und sein Ruf nach einer Mauer zu Mexiko hat die Tochter einer Mexikanerin motiviert, ihren Hut in den Ring zu werfen: »Wir hier in El Paso, direkt an der Grenze zu Mexiko, haben das Gefühl, von der Trump-Regierung den Schwarzen Peter zugesteckt bekommen zu haben. Wir fühlen uns in eine Ecke der Angst gestellt.« Vor allem Trumps Begnadigung des umstrittenen Ex-Sheriffs Joe Arpaio, der in Arizona wegen Diskriminierung von Latinos verurteilt worden war, empfand sie als Schlag ins Gesicht: »Unglaublich. Das Signal, das diese Entscheidung an die Latinos hierzulande aussendet, lautet: ›Ihr gehört hier nicht hin. Und eure Bürgerrechte sind egal.‹ Aber wissen Sie was? Sie sind uns nicht egal!«[60]

Mit welcher Emotion und Leidenschaft Veronica Escobar, die sich unter anderem in dieser katholisch geprägten Gegend vehement für das Recht auf Abtreibung einsetzt, für ihre Positionen kämpft, erlebe ich zusammen mit einer Gruppe deutscher Journalisten, die im Rahmen des deutsch-amerikanischen RIAS-Austauschprogramms in Texas unterwegs ist. Escobar hat, wenn man so will, nichts davon, uns zu treffen, wir bringen ihr keine Wählerstimmen. Dennoch nimmt sie sich mitten in ihrer Kampagne während einer Mittagspause Zeit für uns und sprüht nur so vor Energie, redet so eindringlich und beeindruckend über die Probleme der Region, des Landes, ihrer Partei, als käme es für ihren Wahlsieg nur noch auf unsere paar Stimmen an. Mit ihrem schallenden Lachen hat sie ein sehr gewinnendes Auftreten, und, keine Frage, das Zeug zur Kongressabgeordneten hat sie auch.

Später am Abend treffen wir sie noch einmal bei einem Fundraising-Empfang auf einem Hoteldach im Zentrum El Pasos. Es war ein langer Tag, doch Escobar scheint von ihrer Energie nichts eingebüßt zu haben. Zwischen Cocktails und Nachos, mit Blick auf die Skyline und die umliegenden Hügel, erzählt sie von ihrer Verbundenheit mit dieser abgelegenen Grenzstadt. Wöchentlich zwischen hier und der Hauptstadt Washington zu pendeln ist für sie keine tolle Aussicht, aber ihre Kinder sind inzwischen aus dem Haus, und es gehe um Wichtigeres als die eigenen Befindlichkeiten.

Um die Republikaner zu schlagen, bedarf es aber mehr als Leidenschaft und Tatkraft. Es bedarf einer Botschaft, die auch Trumps Wähler erreicht. »Die Demokraten haben die Verbindung zur Mittelschicht verloren. Wir haben uns zu sehr auf Minderheiten und deren Bedürfnisse konzentriert und übersehen, dass da eine ganze Klasse von Amerikanern um Hilfe ruft, die sich ausgeschlossen fühlt, deren Jobs weg sind und von denen viele weiß sind«, meint Escobar. Als Politikerin mit lateinamerikanischen Wurzeln sei sie als Brückenbauerin prädestiniert, aber wenn die Demokratische Partei Wahlen gewinnen wolle, dürfe sie nicht als eine Partei, die nur für die Rechte der Minderheiten kämpft, wahrgenommen werden.

Die mit dem Image einer Minderheitenpartei verbundene Gefahr sieht auch Mark Lilla, Professor an der Columbia University in New York, der von einer Obsession der Demokraten für Minderheiten und ihren Opferstatus spricht. In den USA wird das mit dem Begriff *identity politics* umschrieben, ein Reizwort, mit dem die Republikaner sehr leicht ihre Wählerschaft mobilisieren können. Es sei ein strategischer Fehler Hillary Clintons gewesen, so Lilla, dass sie sich in ihrer Kampagne zu sehr an Afroamerikaner, Latinos, Homosexuelle und Frauen (wobei letztere natürlich keine Minderheit sind, aber nach wie vor um Gleichberechtigung kämpfen) gewandt habe: »Die Fixierung auf Vielfalt in der Schule und in der Presse hat eine Generation von Liberalen und Progressiven hervorgebracht, die sich auf narzisstische Weise vor den Problemen derer verschließt, die außerhalb ihrer selbst definierten Gruppen stehen.«[61]

Einer, der sich den Problemen der weißen Mittelschicht nicht verschlossen hat und dafür glühende Anhänger innerhalb der Demokratischen Partei fand, ist Bernie Sanders. Wie sonst hätte es der kauzige Senator aus Vermont ohne finanzkräftige Großspender im Rücken und gegen die Bemühungen des Partei-Establishments geschafft, die Kandidatin Clinton fast aus dem Rennen zu kegeln? Mit seiner Botschaft von staatlicher Gesundheitsfürsorge, steuerlicher Umverteilung oder gebührenfreien Unis traf er einen Nerv in den eigenen Reihen, besonders unter jüngeren Wählerinnen und Wählern.

Ich erinnere mich noch gut, wie ich über die Anti-Hillary-Proteste rund um den Nominierungsparteitag der Demokraten in Philadelphia berichtete, wo Tausende gegen ihre eigene Partei durch die Straßen zogen und riefen: »Hell no, DNC, we won't vote for Hillary!« – »Wir werden auf Teufel komm raus nicht für Hillary stimmen, liebe Demokratische Partei!« Der Protest gegen die eigene Kandidatin war größer als der gegen den umstrittenen Kandidaten der anderen Seite.

»Euch ist schon klar, dass ihr damit Donald Trump ins Weiße Haus befördert?«, fragte ich damals zahlreiche Demonstranten. Das sei egal, war die durchgängige Haltung, die man mir entgegenhielt. Nur weil etwas noch schlimmer sei, könne man doch nicht für etwas stimmen, das man auch schon schlimm finde. Lieber wollten sie einen radikalen Bruch riskieren, als eine in ihren Augen selbstgefällige Establishment-Kandidatin zu küren, hinter der die Lobbygruppen der Wall Street stünden – eine der Clinton-Ablehnung auf republikanischer Seite nicht unähnliche Haltung. Ich glaube, sie fanden die Aussicht nicht uncharmant, dass eine Präsidentschaft Trumps derart viel Schaden anrichten würde, dass dann 2020 die allgemeine Bereitschaft für einen radikalen Umschwung à la Bernie Sanders vorhanden sein würde. Leidenschaftlicher Idealismus verband sich hier mit zynischer Realpolitik, so mein Eindruck.

Aber auf diese jungen Wähler wird es künftig mehr und mehr ankommen, denn 2018 markiert einen historischen Wendepunkt in der Gesellschaft der USA: Erstmals werden die Millennials, also die in den Achtziger- und Neunzigerjahren geborene Generation, die bislang dominanten Baby Boomer als größte Gruppe innerhalb der wahlberechtigten Bevölkerung überholen.[62] Diese Generation zeichnet sich nicht nur durch ihre Social-Media-Affinität aus, sondern trug auch bereits Protestbewegungen von Occupy Wall Street bis Black Lives Matter. Sie ist ethnisch und politisch vielfältiger und säkularer, war offen für Sanders' sozialdemokratische Ideen und lehnt einen Ausstieg aus dem Pariser Klimaabkommen mehrheitlich ab. Schon lange bevor ein Präsident Trump überhaupt denkbar war, engagierten sich Millennials gegen Sexismus, Rassismus und Ungleichheit. Allerdings zeichneten sie sich bislang auch nicht durch eine besonders hohe Wahlbeteiligung aus, was ihren wachsenden numerischen Vorteil stark dämpft. Sie zu begeistern und an die Wahlurnen zu bringen, wie Sanders es schaffte, wird für das Kräfteverhältnis der amerikanischen Politik in den kommenden Jahren entscheidend sein.

Das weiß auch Veronica Escobar. Sie sieht sich auf der progressiven Linie von Sanders. Ihr ist aber auch bewusst, dass die Demokraten *indivisible*, unzertrennlich sein müssen, wenn sie bei den Zwischenwahlen 2018 und darüber hinaus erfolgreich sein wollen. Doch das sind sie längst noch nicht, die Partei sucht weiter nach ihrer Ausrichtung. Dazu beklagt Escobar: »Uns fehlt eine *leadership pipeline*, eine Förderung der nächsten Post-Clinton-Generation.« In der Tat, die neuen Köpfe, die nach dem Debakel 2016 die Partei voranbringen und ihr ein Gesicht geben, zeichnen sich noch nicht ab. Vielleicht ist es auch noch zu früh dafür, aber bislang sieht es eher dünn aus bei der Kandidatensichtung. Wer weiß, vielleicht könnte Veronica Escobar auf mittlere Sicht eines dieser Gesichter sein.

Vor allem sollten sich die Demokraten nicht auf trügerischen Indizien ausruhen, sosehr diese auf den ersten Blick auch für sie sprechen mögen. Ja, es gab mittlerweile einige Dutzend Nach- und Zwischenwahlen, die überraschend ans »blaue« Lager gingen, ob in einem konservativen County in Wisconsin oder bei der Senatsnachwahl im sonst erzrepublikanischen Alabama, wo erstmals seit 1992 ein Demokrat siegte. In Iowa und anderen sonst »roten« Bundesstaaten müssen sich republikanische Kongressabgeordnete auf Town Hall Meetings plötzlich vor ihren eigenen Anhängern für ihren Präsidenten rechtfertigen. Und mancherorts sogar dafür, dass sie sich nicht entschiedener von ihm distanzieren, wie es einige prominente Vertreter der Partei ja durchaus tun, etwa (der allerdings aus dem Amt scheidende) Senator Bob Corker, der das Weiße Haus als »Senioren-Tagesstätte ohne Aufsicht« bezeichnete.

All das lässt viele im Widerstand frohlocken, aber sie sollten eines vermeiden: in die überall lauernde Überheblichkeitsfalle zu tappen. Denn wie bereits erwähnt, Donald Trump ist kein komplett scheiternder Präsident. Nach dem holprigen ersten Jahr hat er seine Position konsolidiert, vor allem innerhalb der Republikanischen Partei. Macht kreiert Macht, die Kompassnadeln der amerikanischen Politik richten sich nach ihm aus.

Währenddessen machen es sich viele Trump-Gegner gerne bequem in der Auffassung, der Präsident sei ein ungebildeter, fernsehsüchtiger, ignoranter Verrückter, umgeben von moralisch und intellektuell minderbemitteltem und ständig wechselndem Personal. Sie ergötzen sich an Gerüchten über eine vermutete Demenz oder an fragwürdigen Ferndiagnosen von Psychologen oder Psychiatern, die gut in dieses Narrativ passen, aber jegliche medizinische Ethik über Bord werfen. Die Trump-Gegner bestätigen sich etwas zu sehr untereinander und bilden dadurch eine der Filterblasen, die sie sonst gerne der anderen Seite vorwerfen, ohne in ihrer arroganten Verachtung selbst Kontakt zu Trump-Wählern zu haben. Und natürlich ist auch Michael Wolffs Enthüllungsbuch *Fire and Fury* (dt.: *Feuer und Zorn*) ein gefundenes Fressen für die Anti-Trump-Fraktion. Das sicherlich gut lesbare Buch bestätigt viele bestehende (Vor-) Urteile, aber die Politik-Korrespondentin der *taz*, Bettina Gaus, hat es in ihrer Kolumne auf den Punkt gebracht: »Hm. Wenn ich bei einzelnen Anekdoten nicht weiß, ob sie sich wirklich so zugetragen haben: wie weit bin ich dann von ›gefühlter Wahrheit‹ entfernt? Also von genau jener Interpretation der Fakten, die Trump-Jüngern – zu Recht! – nicht zugestanden wird?«[63] Die Begrenzung des Schadens von *fake news* beginnt bei dieser Einsicht. Da müssen wir in Deutschland uns vielleicht das eine oder andere Mal auch an die eigene Nase fassen.

Ich will Trumps Ausfälle und Tabubrüche nicht kleinreden, aber sie stehen und sprechen oft für sich und brauchen nicht noch verstärkt oder übertrieben zu werden. Bei aller berechtigten Empörung und aller Notwendigkeit einer ständigen kritischen Betrachtung würde der Opposition zu Trump, sei es in den USA oder auch in Deutschland, etwas weniger Hysterie guttun. Denn in einer inflationären Dauererregung droht die Sensibilität für das verloren zu gehen, was wirklich an entscheidenden Veränderungen passiert. Und darum geht es ja letztlich: Wollen die Amerikaner die Trump'schen Normverschiebungen akzeptieren und dauerhaft auf dem Niveau seines Verhaltens, seines Dilettantismus verharren? Oder wollen sie lieber – soweit überhaupt möglich – eine Rückkehr zu einem gewissen Anstand und zu »präsidialerem Verhalten«, zu vorbildlicher Professionalität? Dann sollten sie sich in der Opposition selbst entsprechend verhalten. Oder um es mit Michelle Obama zu sagen: *»When they go low, we go high!«* – »Wenn sie das Niveau senken, steigern wir es.«

Wie auch immer man zu Donald Trump stehen mag, für eine Sache bin ich ihm jedenfalls gewissermaßen dankbar: Sein Aufstieg hat nicht nur zur erwähnten Renaissance der Zivilgesellschaft geführt, sondern auch – wenngleich sicher unfreiwillig – Comedians und Late-Night-Talkern in den USA eine Vitaminspritze, einen Adrenalinschub verpasst. Denn sie laufen unter ihm zu Hochform auf. Natürlich ist da manches nur billige Retourkutsche und auch mal flach, und dass die meisten dieser

Protagonisten aus der liberal-progressiven Ecke kommen, ist auch klar. Aber ob Stephen Colbert, John Oliver oder Samantha Bee – die Besten unter ihnen scheinen an der Aufgabe des Hofnarrs, der den ganzen Wahnsinn erträglich macht, über sich hinauszuwachsen. Material dafür liefert die Administration zur Genüge.

Das gilt auch für Talkmaster Jimmy Kimmel, der zuvor eher mit solchen Ideen auffiel wie jener, Eltern dazu aufzufordern, Videos davon zu posten, wie sie an Halloween ihren entsetzten Kindern weismachen, sie hätten alle deren erbeutete Süßigkeiten aufgefuttert – mit zugegeben sehr komischen Resultaten. Ausgerechnet Kimmel wurde nun plötzlich zu einer Art moralischem Gewissen der Nation, weil der Kampf gegen die republikanischen Versuche, die Krankenversicherung Obamacare abzuschaffen, buchstäblich zu einer Herzensangelegenheit für ihn wurde. Sein jüngster Sohn Billy kam mit einem komplizierten Herzfehler auf die Welt und musste kurz nach der Geburt mehrfach operiert werden. Für den TV-Star war es kein Problem, die aufwendigen Eingriffe an seinem Baby zu finanzieren, selbst wenn er keine Krankenversicherung gehabt hätte. Doch für Millionen Amerikaner, viele dank Obamacare erstmals versichert, könnte ein Wegfall der Versicherung zur Katastrophe führen. Als die Republikaner genau das in die Wege leiten wollten, wetterte Kimmel in seinen Sendungen dagegen, stellte Menschen vor, die von Obamacare profitierten oder existenziell von dessen Abschaffung betroffen wären, appellierte an Politiker – und half so mit, dass die Regierung trotz Mehrheiten in beiden Kongresskammern mit dem Plan der Abschaffung scheiterte. Zwar fiel mit dem Gesetzespaket zur Steuerreform später die Versicherungspflicht weg, ein zentraler Baustein, aber das Krankenversicherungsgesetz existiert nach wie vor – vielleicht auch dank Kimmels Kampagne.

In eine eigene Liga stieg schließlich das Ensemble der legendären Comedy- und Satiresendung *Saturday Night Live* auf. Ob mit den Gastauftritten von Alec Baldwin als Trump oder Melissa McCarthy als Pressesprecher Sean Spicer, ob durch Anspielungen auf Wladimir Putins Einflussnahme oder auf die Verzweiflung von Beraterin Kellyanne Conway über ihren Boss – die Comedians sorgen bei Millionen Amerikanern für tröstliche Lacher und dringend benötigte Linderung ihres Gemütszustands.

Vielleicht traf die vielseitig talentierte Komikerin Kate McKinnon die seelische Verfassung des liberalen Amerikas am schärfsten. In jener Woche im November 2016 war einen Tag vor der Präsidentschaftswahl Leonard Cohen gestorben. Und so eröffnete am Ende der Woche *Saturday Night Live* die erste Show nach der Wahl mit einer Hommage an den kanadischen Sänger. In ihrer Paraderolle als Hillary Clinton saß McKinnon im weißen Hosenanzug am Flügel und sang den melancholischen Cohen-Klassiker »Hallelujah«. Was nicht nur melodisch zur Stimmung in weiten Teilen des Landes passte, sondern auch textlich: *»I did my best, it wasn't much.«* – »Ich habe mein Bestes gegeben, es war nicht viel.« Es war zumindest nicht genug. *»And even though it all went wrong, I stand before the Lord of Song, With nothing on my tongue but Hallelujah.«* – »Und obwohl alles schiefgelaufen ist, stehe ich vor dem Herrn mit nichts auf den Lippen als einem Halleluja.« Ein Gänsehautmoment. Die Botschaft: Wir sind niedergeschmettert, aber ungebeugt. Und um dies zu unterstreichen, drehte sie sich nach dem letzten Halleluja in die Kamera und sagte, mit leicht brüchiger Stimme und feuchten Augen – es blieb offen ob als Hillary Clinton oder als Kate McKinnon –: *»I'm not giving up – and neither should you.«* – »Ich gebe nicht auf – und ihr solltet das auch nicht.«

# 7

# Die Aussicht

*»Just do it, you've just got to do it.«* – Nach dem Motto: *Ihr müsst es einfach machen, andere Länder nehmen doch auch keine Rücksicht.*

Die Stammeshäuptlinge schauen sich fragend an. Hat er wirklich gerade …?

Da wirft der Präsident wieder ein: »Leute, ihr scheint mich nicht verstanden zu haben. Hier gibt's jetzt eine neue Regierung, Obama ist weg vom Fenster. Die Dinge laufen jetzt anders.«

Kurze Stille, ungläubige Blicke.

»Ernsthaft, was soll denn passieren? Wenn es einmal raus ist, kann man's ja nicht wieder zurück in die Erde stopfen.«

Einer der Häuptlinge in der Gruppe von *Native Americans*, mit denen sich Donald Trump im Weißen Haus trifft, fragt noch einmal nach, unsicher, ob der Präsident ihnen wirklich gerade vorschlägt, einfach so in ihren Reservaten entgegen der Vorschriften nach Bodenschätzen wie Gas oder Erdöl zu bohren: »Können wir das einfach machen?«

»Wir haben keine Wahl, China fragt doch auch nicht um Erlaubnis, die machen's einfach. Das müssen wir auch!«[64]

Ein Teilnehmer dieses vom Nachrichtenportal *Axios* beschriebenen Treffens bestreitet anschließend zwar vehement, dass Trump tatsächlich die Stammeshäuptlinge aufgefordert habe, Gesetze zu brechen und einfach drauffloszubohren. Vielmehr habe er damit generell den notwendigen Abbau der vielen Auflagen und Regulierungen gemeint, die seiner Energie- und Infrastruktur-Politik im Weg ständen. Und die er in der Tat Stück für Stück zurückschraubt, indem er etwa Naturschutzgebiete für Bohrungen freigibt. Aber ich finde, dieser Wortwechsel ist ein gutes Beispiel für das Trump'sche Vorgehen: direkt, rücksichtslos, auf den unmittelbaren Nutzen ausgerichtet. Eine unilaterale, auf ein reines Nullsummenspiel ausgerichtete Politik, die demonstriert, wie sehr jetzt in Washington »die Dinge anders laufen«.

Davon kann auch der Mann ein Lied singen, mit dem ich auf der Terrasse seiner Residenz stehe und die Aussicht genieße. Die Sonne strahlt hell und warm, am Horizont zeichnet sich die Skyline von Rosslyn auf der anderen Seite des Potomac ab, über den Flugzeuge tief den National Airport ansteuern. Die stattliche Anlage der deutschen Botschaft in Washington ist wahrlich repräsentativ, vor allem zum jährlichen Fest der Deutschen Einheit wimmelt es hier von geladenen Gästen aus Politik und Gesellschaft Washingtons. Was die USA betrifft, ist Botschafter Peter Wittig einer der erfahrensten Diplomaten; zuvor hatte er die Bundesrepublik fünf Jahre lang bei den Vereinten Nationen in New York vertreten. Seit 2014 ist er in Washington, für Spitzenleute des Auswärtigen Amts sicher ein Karrierehöhepunkt, einer der wichtigsten Posten.

»Aber es ist kein transatlantischer Harmonieposten mehr«, sagt Wittig, »es ist schwieriger im Umgang mit der Regierung geworden, die Schnittmengen sind kleiner.« Unter Trump habe ein sehr schneller Paradigmenwechsel stattgefunden, der sich nicht nur daran festmachen lasse, dass es im State Department zu einem Aderlass an Ansprechpartnern gekommen sei. Trump selbst (dessen Großvater einst aus der Pfalz nach Amerika eingewandert war) empfinde Respekt für die deutsche Industrie und stereotype Nationaltugenden wie Fleiß und Präzision, aber zu Deutschland selbst habe er kaum eine Bindung.

Wenn Trump Deutschland erwähnt, dann mit dem Vorwurf der Trittbrettfahrerei in der NATO, weil Deutschland das Zwei-Prozent-Ziel bei den Militärausgaben nicht erreicht, und in Form der Klage über den deutschen Handelsüberschuss, der die USA angeblich übervorteilt. Er hat das Gefühl, wir würden die Amerikaner über den Tisch ziehen. Doch wenn ein Präsident internationale Beziehungen immer nur als Transaktionen auffasst und darauf achtet, was unter dem Strich für sein Land herauskommt, statt auf die langfristige Dividende multilateralen Engagements, dann führt das zu einer gefährlich kurzsichtigen Politik. Das Motto »Wenn jeder an sich selbst denkt, ist an jeden gedacht« führt in eine Sackgasse.

Was bedeutet das für uns?

Zunächst einmal müssen wir feststellen, dass es keinen transatlantischen Automatismus mehr gibt. Das hat nicht nur mit Trump zu tun – in einer immer stärker asiatisch und lateinamerikanisch geprägten Gesellschaft rücken das »alte Europa« und die Erinnerung an den Zweiten Weltkrieg und den Kalten Krieg naturgemäß aus dem Fokus. Schon Obama hatte mit seinem *pivot to Asia* eine nach Asien orientierte Neuausrichtung der USA im 21. Jahrhundert eingeleitet. Aber Obama blieb in allem stets ein Multilateralist, der die internationale Zusammenarbeit suchte, etwa beim Iran-Atom-Abkommen, und neue kooperative Wege ergründete, etwa bei der Öffnung gegenüber Kuba. Stets betonte er die Rolle der Vereinten Nationen und machte die USA beispielsweise zu einer Führungsmacht im Klimaschutz.

Trump dagegen wickelt, ob gewollt oder aus Unfähigkeit, die Funktion der USA als globale Ordnungsmacht ab. Das lässt sich auch an Zahlen festmachen. In der Gallup-Umfrage zur globalen

Zustimmung für Länder mit Führungsrollen, erhoben in mehr als 130 Ländern, sind die USA auf ein Allzeittief abgerutscht, von 48 Prozent Zustimmung auf 30 Prozent, innerhalb nur eines Jahres. Damit liegen sie in der Rangliste noch knapp vor Russland mit 27 Prozent, aber bereits hinter China mit 31 Prozent.[65] Zum Vergleich: Deutschland liegt bei stabilen 41 Prozent – kein Wunder, dass auch viele Progressive und Oppositionelle in den USA eine Zeit lang zumindest in Bundeskanzlerin Angela Merkel die neue Anführerin des Westens sahen.

Kurioserweise scheint Trump diesen selbst verschuldeten Bedeutungsverlust nicht sehen zu können oder zu wollen. Nach seinen Besuchen in Peking oder Riad prahlte er damit, wie ihn seine Gastgeber umschmeichelt hätten und welch großartiges Verhältnis er zu den Anführern der Welt habe.

Auch mein Schwiegervater ist überzeugt, dass Trump für ein höheres Ansehen Amerikas in der Welt sorge, weil sich die USA nun nicht mehr herumschubsen ließen. Der Ton gegenüber Nordkorea oder der Militärschlag gegen eine syrische Luftwaffenbasis nach einem erneuten Giftgaseinsatz des Assad-Regimes gelten unter Trump-Anhängern als Beleg dafür. Wenn einer aber nur auf *hard power* setzt, das Militär vergrößert und es bloß um die Demonstration von Stärke geht, dann leidet die Wirkung der nicht minder wichtigen *soft power*. Die Amerikaner verlieren dadurch an Autorität und Ansehen – und damit auch ein ganzes Spektrum an Optionen im internationalen Gefüge.

Klare Beispiele dafür gibt es zuhauf. Die US-Botschaft nach Jerusalem zu verlegen mag die christlichen und jüdischen Hardliner an der Basis erfreuen und vielleicht tatsächlich auf unkonventionelle Weise Bewegung in den Nahost-Konflikt bringen, zerstört aber auf palästinensischer Seite komplett das Vertrauen in die amerikanische Vermittlerrolle. Aus dem transpazifischen Handelsabkommen TPP auszusteigen mag Globalisierungsgegner jubeln lassen, aber genauso die Chinesen, denn TPP war nicht zuletzt dafür gedacht, die aufstrebende Weltmacht China einzugrenzen und die Wirtschaftsordnung und -standards im gigantischen Pazifikraum mitzugestalten. Jetzt machen die übrigen Partner alleine weiter, doch ohne das Schwergewicht USA kann China viel besser damit leben. Wie sollen die verprellten asiatischen Partner nach dieser strategischen Torheit wieder Vertrauen in die USA fassen? Und die NATO-Partner vor den Kopf zu stoßen hat zwar dazu geführt, dass deren Militärausgaben steigen (vermutlich haben wir uns tatsächlich zu sehr unter dem amerikanischen Schutzschirm ausgeruht), aber die unverbrüchliche Gewissheit, sich im Notfall auf die Amerikaner verlassen zu können, war erstmals in der Geschichte des Bündnisses tief erschüttert.

Die Weltordnung, welche die USA im 20. Jahrhundert entscheidend geprägt und von der gerade wir Deutsche wirtschaftlich wie sicherheitspolitisch so sehr profitiert haben, löst sich auf. Fundamente verschieben sich, vieles, was jahrzehntelang verlässlich war, ist es plötzlich nicht mehr. »In allen Ecken der Welt wird neuerdings ohne die USA geplant, verteidigt und gehandelt«, kommentiert die USA-Korrespondentin Gabi Biesinger. »Stattdessen kumpelt Trump mit Autokraten und Diktatoren herum, trinkt Champagner mit Duterte und nennt Xi einen ganz besonderen Mann. Dieser Präsident beschädigt auch das Ansehen der USA als moralische Autorität.«[66] In der Tat, ein Wertekorsett von Freiheit, Zusammenarbeit und Menschenrechten, das die Amerikaner nicht immer selbst eingehalten, aber zumindest immer vorgegeben haben, scheint dieser Regierung zu fehlen – mit weitreichenden Folgen auch für unsere Zukunft, weit über diese Präsidentschaft hinaus. Wir Deutsche und Europäer müssen uns jetzt selbst intensiver Gedanken machen, welche Rolle wir spielen, welche Verantwortung in der Welt wir tragen wollen – sicherheitspolitisch, wirtschaftspolitisch, gesellschaftspolitisch. In gewissem Sinne helfen uns die USA derzeit, weil sie uns »zwingen«, diese Überlegungen anzustellen und längst überfällige Hausaufgaben endlich anzupacken.

Zur Wahrheit gehört aber auch, dass letztlich viele der großspurigen Androhungen, die über den Atlantik zu uns nach Europa schallten, nicht zur befürchteten Wirklichkeit geworden sind. Statt sich aus Afghanistan zurückzuziehen, erhöhten die Amerikaner ihr dortiges Kontingent. Statt die NATO weiterhin als »obsolet« zu bezeichnen, bekennt Trump sich nun zum Bündnis; die Amerikaner haben nach der Reduzierung der letzten Jahre wieder mehr Soldaten, Panzer und Helikopter nach Europa geschickt, um Russland Paroli zu bieten.[67] Keine der Schritte, die Präsident Obama als Reaktion auf die russische Annexion der Krim eingeleitet hatte, wurden von Trump rückgängig gemacht. Im Gegenteil, aus der damaligen *European Reassurance Initiative* (Initiative der Zusicherung) für die europäischen Partner, vor allem im Baltikum, ist eine *European Deterrence Initiative* (Initiative der Abschreckung) geworden. Der Kongress folgte der Forderung des Pentagons und erhöhte das Budget dafür von 3,4 Milliarden auf 4,7 Milliarden Dollar.[68] Das also ist aus Trumps »Ihr müsst erst mal selbst mehr für eure Sicherheit zahlen« geworden.

Zwar verhängte Trump, wie im Wahlkampf angekündigt, im Frühjahr 2018 Strafzölle und riskierte damit einen gefährlichen Handelskrieg mit schwerwiegenden Folgen für alle Beteiligten. Aber kurz zuvor, beim Weltwirtschaftsgipfel im schweizerischen Davos – auf dem Kritiker monierten, wie sehr gerade deutsche Topmanager beim Präsidenten lieb Kind gemacht hätten –, erlebte eine verwunderte Öffentlichkeit einen ruhigen, gemäßigten Donald Trump, der aus der Botschaft *America First* ein »Amerika zuerst bedeutet nicht Amerika allein« machte. Er trat plötzlich als Werbebotschafter seines Landes auf, um Investoren aus aller Welt anzulocken, sogar eine Rückkehr zum transpazifischen Handelsabkommen TPP schloss er nicht aus.

Es ist diese Unberechenbarkeit, die es so schwer macht, Schlüsse für die Zukunft zu ziehen. In den USA wird daher von den zwei Präsidenten gesprochen: dem gemäßigten, reflektierten Teleprompter-Präsidenten und dem impulsiven, launenhaften Twitter-Präsidenten. Als gäbe es ein potemkinsches White House, in dem Chaos und Stümperei herrschen und das mit seinen Kontroversen vor allem davon ablenkt, dass währenddessen hinter den Fassaden eine unsichtbare Maschinerie arbeitet, die zunehmend effizient und geräuschlos funktioniert, notfalls auch am Präsidenten vorbei.⁶⁹ Als stünde das J in Donald J. Trump für Januskopf.

Und doch sollte man nicht das eine mit dem anderen »verrechnen«. Nur weil das eine weniger schlimm als erwartet ist, macht es das andere noch nicht akzeptabel. Denn nach wie vor gibt es reale Risiken, mit nichts Geringerem als der Zukunft der amerikanischen Demokratie als Einsatz. Mich beschäftigen dabei vor allem zwei Aspekte.

Zum einen sollte uns nicht die Präsidentschaft Trumps als solche Sorgen bereiten, sondern die Aussicht auf eine »erfolgreiche« Präsidentschaft. Damit meine ich nicht eine bestimmte Anzahl verwirklichter Gesetzesinitiativen, sondern die Frage: Was folgt daraus, wenn sich herausstellt, dass man auf diese Weise »durchkommt«? Mit schrillem Ton und rüpelhaften Methoden, mit einem rücksichtslosen und autoritären Stil, mit einer Orientierung nur am eigenen kurzfristigen Vorteil? Wenn Trumps Populismus sich etabliert und eine Mehrheit der Wähler anzieht? Wenn die Sorge der Eltern an unserer amerikanischen Grundschule über Bord geworfen wird und statt Toleranz, Offenheit und Rücksicht die Methode »Schulhofrüpel« salonfähig wird?

In ihrem richtungsweisenden Buch *How Democracies Die* zeigen die Harvard-Professoren Steven Levitsky und Daniel Ziblatt auf, dass heutige Demokratien nicht plötzlich und brutal, sondern vielmehr durch Aushöhlung von innen zugrunde gehen:

> Die meisten Länder halten reguläre Wahlen ab. Doch Demokratien sterben nach wie vor, wenngleich auf andere Weise. Seit Ende des Kalten Krieges sind die meisten Zusammenbrüche von Demokratien nicht durch irgendwelche Generäle oder Soldaten verursacht worden, sondern durch die gewählten Regierungen selbst. So wie Chávez in Venezuela haben gewählte Regierungen auch die demokratischen Institutionen in Georgien, Ungarn, Nicaragua, Peru, den Philippinen, Polen, Russland, Sri Lanka, der Türkei und der Ukraine untergraben. Demokratischer Verfall beginnt heutzutage in der Wahlkabine.[70]

Das Problem dabei ist, dass es für eine wehrhafte Demokratie sehr viel schwerer ist, sich gegen diesen subtilen Niedergang zu wehren als gegen einen offensichtlichen Militärputsch oder Staatsstreich, weil dieser Prozess schleichend und obendrein vom Wähler legitimiert ist. Wenn in Polen beispielsweise das Parlament die Unabhängigkeit der Justiz schleift unter dem Deckmantel, die Gerichte effizienter zu machen, dann gibt es landesweit Zustimmung dafür.

Levitsky und Ziblatt zufolge verfügen wehrhafte Demokratien über zwei Schutzmechanismen: erstens gegenseitige Toleranz, also die Einsicht, dass die Gegenseite eine andere Meinung vertreten darf, und zweitens (darauf aufbauend) Zurückhaltung und Nachsicht, also die Einsicht, dass Regierungen nicht die gesamte ihr zur Verfügung stehende Macht ausnutzen und missbrauchen. In einer mittlerweile so stark polarisierten Gesellschaft wie der amerikanischen, in der ein Teil sich in einer mentalen Wagenburg verschanzt und sich daher zu allem »Überlebensnotwendigen« berechtigt sieht, greifen diese Schutzmechanismen jedoch immer weniger – mit dramatischen Folgen.

In gewisser Weise könnte man fast von Glück sagen, dass es »nur« Donald Trump ist, der das Land regiert.[71] Was, wenn es sich vor diesem Hintergrund beim amerikanischen Präsidenten nicht um einen proletenhaften, erratischen und oft ignoranten Populisten ohne Agenda handelte, sondern um einen kühl berechnenden, methodisch konsequenten Strategen mit bestem Verständnis von Machtmechanismen nach der Art eines Wladimir Putin?

Wie wir auch bei uns in Europa bemerken, beschränkt sich das Problem des autoritären Nationalismus nicht auf die USA. Wenn man sich anschaut, wie viele liberale Demokratien es Mitte der Neunzigerjahre auf unserem Kontinent gab, wie viele vielversprechende Aufbrüche nach der Verkrustung des Kalten Krieges, und vergleicht, wie viele davon heute übrig geblieben sind, dann beschleicht einen schon die Frage, ob das Konzept »liberale Demokratie« vielleicht nur ein Intermezzo war.

Wie ein Korrosionsbeschleuniger wirkt dabei der gesellschaftliche und demografische Wandel. Die USA waren schon immer ein gigantisches soziales Experiment. Zwar ist mit diesem Präsidenten plötzlich eine Variable hinzugekommen, die den Ausgang des Experiments noch ungewisser macht, aber einflussreicher als er ist die Dynamik, die der rasant wachsende Anteil der Asien- und Lateinamerikastämmigen sowie anderer Nichtweißer an der Bevölkerung ausmacht. Das Land wird immer heterogener. Das macht es einerseits weniger anfällig für »Übernahmen« in die eine oder andere Richtung. Andererseits tendieren die nichtweißen Amerikaner verschiedenster Religionen eher zur Demokratischen Partei. Unter dem Dach der Republikaner dagegen versammeln sich in erster Linie christliche Weiße, und die werden in absehbarer Zukunft nicht mehr die bestimmende ethnische Gruppe sein.

Wenn die beiden Parteien sich also immer mehr nach ethnischer Zugehörigkeit und Religion trennen, also in zwei sehr emotionalen und daher extrem polarisierenden Bereichen, dann wird es umso schwerer, künftig zu Toleranz und Zurückhaltung, zu einer kompromissbereiten Linie zurückzufinden. »Es ist einfach eine Tatsache«, schreiben Levitsky und Ziblatt, »dass es in der Welt noch nie eine multiethnische Demokratie gab, in der nicht eine bestimmte ethnische Gruppe in der Mehrheit war und in der politische wie soziale Gleichberechtigung und eine Wirtschaft, die allen zugutekommt, erreicht wurden.«[72] Eine solche zu formen wäre der Weg zu einem erfolgreichen Ausgang des Experiments. Doch das scheint derzeit fraglich.

Die andere Gefahr, die ich lauern sehe, ist diese: Hätte Trump die Wahl verloren, dann hätte er *ein* Ziel dennoch auf jeden Fall erreicht: die Marke »Trump« weltberühmt zu machen. Michael Wolff argumentiert in *Feuer und Zorn*, dies sei der eigentliche Plan gewesen. Sein Gesicht hätte Trump dann immer noch mit dem Hinweis auf eine geschobene, irreguläre Wahl, das korrupte System oder Ähnliches wahren können, seine frustrierten Anhänger hätten ihm das sofort geglaubt. Nun ist er aber Präsident. Was, wenn er sich 2020 zur Wiederwahl stellt und im Falle einer Niederlage wieder einmal nicht das tut, was Politiker normalerweise tun, nämlich sich taktvoll zurückzuziehen, die Niederlage zu akzeptieren und den demokratischen Regeln des friedlichen Machttransfers zu folgen? Was, wenn er *dann* über eine geschobene, gestohlene Wahl wettert, nur diesmal nicht, um sein Geschäftsimperium in neue Sphären zu katapultieren, sondern, um an der Macht festzuhalten?

Im Kleinen haben wir ja schon erlebt, was passiert, wenn Trump eine rabiate Menge aufstachelt. Die geifernden *»Lock her up«*-Rufe (»Sperrt sie ein!«) gegen Hillary Clinton auf dem republikanischen Nominierungsparteitag wären absolut harmlos im Vergleich zu der Wut, die möglicherweise emporbrodeln würde, wenn Trump sich um den Wahlerfolg betrogen fühlte und dies öffentlichkeitswirksam propagieren würde. (Immerhin glaubten bereits vor der Wahl 2016 mehr als zwei Drittel der Trump-Anhänger, dass Wahlbetrug in den USA oft vorkomme.[73]) Und dies in einem Land voller bis an die Zähne bewaffneter Milizen und Waffenfanatiker, die ja gerade mit dem Hinweis auf ihr Recht auf Waffenbesitz pochen, dass man in der Lage sein müsse, sich gegen eine übergriffige Zentralgewalt zu wehren. Was, wenn diese Amerikaner es dann als eine verquere »patriotische Pflicht« ansähen, zu den Waffen zu greifen, um sich gegen eine vermeintlich unrechtmäßige Regierung zu wehren? Was, wenn dann die Früchte des Zweifels an der Legitimität der rechtsstaatlichen Institutionen Amerikas, den Trump permanent sät, zum Tragen kämen? Droht dann eine Revolte? Gar eine Art Bürgerkrieg? Das klingt zugegebenermaßen sehr düster, aber ich kann diesen Gedanken nicht ganz unterdrücken.

Deshalb ist es essenziell, dass die Präsidentschaft Trumps nicht durch ein möglicherweise leicht anzuzweifelndes Amtsenthebungsverfahren oder ähnliche formalrechtliche Schritte beendet wird (außer natürlich, es gäbe absolut zweifelsfreie und von der breiten Mehrheit akzeptierte Gründe dafür), sondern genauso, wie sie zustande kam: durch eine legitime Wahl mit mehrheitlich akzeptiertem Ausgang. Oder spätestens durch die term limits, die Begrenzung der Amtszeit auf acht Jahre, in diesem Fall also im Jahr 2024.

Wie aber verhalten wir uns bis zum Ende der Ära Trump? Was folgern wir aus alldem? Nun, die Konsequenz für uns kann trotz allem nicht lauten, dass wir uns enttäuscht von den USA abwenden. Denn machen wir uns nichts vor – mit den internationalen Akteuren, die jetzt versuchen, das Machtvakuum zu füllen, fahren wir nicht besser. Wir brauchen die USA nach wie vor als wichtigen Partner in vielen Bereichen, der sie ja nach wie vor sind. In der gemeinsamen Terrorabwehr, auf geheimdienstlicher und militärischer Ebene, bei der Digitalisierung, im wirtschaftlichen und wissenschaftlichen Austausch, in Flüchtlingsfragen und selbst im Kampf gegen den Klimawandel können wir die Amerikaner nicht ausblenden.

Eben deshalb sollten wir nicht zu sehr auf das Drama in Washington starren. Trump ist nicht Amerika. Während er die Würde des Amtes ruiniert, amerikanische Werte und Tugenden zertrampelt und langjährige Verbündete verprellt, sind die Vereinigten Staaten weiterhin eine wehrhafte, lebendige und dynamische Demokratie. Die Checks und Balances erleben einen Belastungstest, aber der Rechtsstaat ist zäh, die Zivilgesellschaft lebt. Sie ist, wenn man es positiv sieht, von dieser Regierung wachgerüttelt worden. Das muss für das Land nicht das Schlechteste sein. Diese Elemente der US-Gesellschaft dürfen wir nicht im Stich lassen, an sie müssen wir uns wenden, auf der Ebene von Städten, Bundesstaaten, Stiftungen, Universitäten, Wirtschaftspartnern, privaten Kontakten. Kurz: In der Fläche sollten wir Gemeinsamkeiten suchen und finden. Denn diese Kräfte sind immer noch da. Trumps landesweit schlechte Umfragewerte trotz guter Wirtschaftszahlen bezeugen das. Und sie werden auch noch da sein, wenn Trump nach vier oder auch erst nach acht Jahren nicht mehr im Weißen Haus sitzen wird. *Geduld, wartet auf uns*, sagen diese Amerikaner dem Rest der Welt, *wir werden wieder aufbauen, was gerade eingerissen wird.*

Ich bin grundsätzlich optimistisch, dass dies gelingen wird. Wir verlieren zwar aktuell auf vielen Ebenen Zeit, die Rückschritte werfen uns zurück, bei der Lösung internationaler Konflikte ebenso wie im Umwelt- und Klimaschutz. Aber viele Amerikaner engagieren sich unabhängig von ihrer Regierung weiterhin. Und außerdem würden wir ja nur noch mehr Zeit verlieren, wenn wir nach einer Regierung Trump die Anknüpfungspunkte erst mühsam wieder suchen müssten. Deshalb sollten wir tiefer gehende Brüche im transatlantischen Verhältnis vermeiden.

Wir sollten uns auch deshalb nicht zu sehr auf die Figur Donald Trump fixieren, weil die Gründe, die zu seiner Wahl führten, mit dem Ende seiner Amtszeit kaum verschwunden sein werden. Er ist in erster Linie ein Symptom, nicht die Ursache für die Brüche innerhalb der USA. Trump macht diese nur besser sichtbar. Er ist zwar auch Triebkraft, mehr als alles andere aber Ausdruck der viel tiefer gehenden Veränderungen in der amerikanischen Gesellschaft. Und mit diesen werden wir auch nach seiner Präsidentschaft umgehen müssen.

Dabei finde ich es wichtig, den USA ohne Schaum vor dem Mund zu begegnen. Man kann vieles verwerflich finden und anprangern, und Donald Trump macht es einem oft wahrlich leicht, sich über ihn entweder aufzuregen oder lustig zu machen. Wäre es nicht so ernst, könnte man über vieles lachen. Aber gerade deswegen sollten wir nicht den Fehler begehen, es uns zu einfach zu machen oder gar überheblich zu werden. Statt uns abzuwenden, sollten wir in die bilateralen Beziehungen investieren und nüchtern, mit Argumenten und ohne Polemik den Dialog suchen und fortführen, wo wir nur können. Trotz allem – und jetzt erst recht.

# Epilog

»Wen hast du gewählt?«

Mir fällt vor Verblüffung fast das Glas aus der Hand. Es ist die Frage, die in amerikanischen Familien, ob beim Thanksgiving-Dinner oder beim Sonntagsbrunch, so gut wie niemand mehr in den Mund nimmt – aus guten Gründen. Jetzt aber sitzt meine neunjährige Tochter auf dem Sofa in unserem Wohnzimmer und stellt sie ganz unvermittelt und mit aufmerksamem Blick unserem Gast. Dieser ist nicht irgendwer, sondern ein Drei-Sterne-General a. D. der United States Army. Bis vor wenigen Wochen war Lieutenant General Ben Hodges der Oberkommandierende der US-Landstreitkräfte in Europa. Ich hatte ihn auf einem Empfang kennengelernt, sein neuer Job bei einer transatlantischen Denkfabrik hatte ihn nach Hamburg geführt; freundlicherweise war er unserer Einladung zum Abendessen gefolgt.

Als begeisterte Fans des Brettspiels »Risiko« fragen mich meine Kinder ständig nach Strategien und nach Vergleichen des Spiels mit realen Armeen. Jetzt haben sie, bevor sie ins Bett müssen, die einmalige Gelegenheit, diesbezüglich einen echten General zu befragen. Mein Sohn will folglich wissen, welches Land die größten Raketen hat, welches die meisten Soldaten, ob der Leopard 2 wirklich der beste Panzer der Welt ist ... Und während er noch über General Hodges' Antwort nachdenkt,

dass es mehr noch als auf die Hardware auf die Menschen ankomme, welche die Panzer bedienen, wirft plötzlich seine Zwil-
lingsschwester mit der entwaffnenden Direktheit von Kindern
genau diese Frage in den Raum: »Wen hast du gewählt?«

Ich versuche verlegen, die Frage zu übergehen, aber sie lässt
nicht locker: »Wie findest du Trump?«, fragt sie den General.

Mit einer entschuldigenden Geste blicke ich unseren Gast an,
doch der lächelt nur. Wie viele Amerikaner ist er Fragen zu diesem Präsidenten, der bis vor Kurzem ja sein Oberbefehlshaber
war, gewohnt. Und pariert mit einer Gegenfrage: »Wie findet ihr
ihn denn?«

»Nun«, wirft mein Sohn ein, »ich finde nicht gut, dass er im
Polarkreis wieder nach Öl und Erdgas bohren lassen will.«

Seine Schwester nickt eifrig dazu: »Ja, das ist nicht gut.«

Mit einer Mischung aus Stolz und Erleichterung blicke ich die
beiden an – immerhin haben sie Argumente statt nur Polemik
im Arsenal. Auch Ben Hodges nickt anerkennend.

Doch dann hat meine Tochter noch eine Frage im Köcher:
»Hast du auch das F-Wort gesagt, als er die Wahl gewonnen hat?«

Na toll, denke ich, es sollte ein netter, entspannter Abend
werden, und jetzt gerät unser Gast ins Fragen-Trommelfeuer
meiner Kinder.

Doch der nimmt den Ball souverän auf: »Persönlich mag ich
seinen Stil gar nicht. Aber ich sage euch etwas: Schaut nicht
nur auf das, was er sagt – schaut auf das, was er macht, auf das,
was jenseits der Rhetorik wirklich passiert!« Und mit diesem
Gedanken scheuche ich meine Kinder endlich ins Bett.

Es ist ein Gedanke, auf den ich seitdem immer wieder zurück-
komme. Denn einerseits hat Ben Hodges recht. Wie ich in diesem Buch vielfach dargelegt habe, entspricht die Realität längst
nicht überall den anfänglichen Befürchtungen; manches ist
weniger dramatisch als befürchtet und der Präsident mitunter

anpassungsfähiger als gedacht. Es ist wichtig, hier die differenzierende Perspektive nicht aus den Augen zu verlieren. An den Fundamenten des transatlantischen Bündnisses etwa hat er letztlich nicht gerüttelt, im Gegenteil, die Aufstockung der US-Militärpräsenz in Europa ist ein gutes Beispiel für den mitunter bemerkenswerten Unterschied zwischen Trumps Worten und seinen Taten.

Andererseits finden sehr wohl Verschiebungen statt. Und man kann das, was diese US-Regierung alles von sich gibt, nicht einfach so übergehen, selbst wenn dem Säbelrasseln erst einmal keine Aktionen folgen. Auch Worte allein haben durchaus Konsequenzen und befördern Veränderung, vor allem, wenn sie vom Staatsoberhaupt der Vereinigten Staaten von Amerika kommen. Wir sollten zwar nicht immer gleich die Empörungsmaschinerie in Gang setzen und über jedes von Trump hingehaltene Stöckchen springen – er ist schließlich Präsident der Amerikaner, nicht unserer. Aber das darf nicht gleich bedeuten, dass uns alles kaltlässt. Weil es ja oft auch uns betrifft. Eine echte Partnerschaft muss Dissonanzen aushalten. Es ist daher auch unsere Aufgabe, eine klare Haltung gegenüber diesen USA zu haben.

Nun ist Politik in diesen Zeiten grundsätzlich sehr volatil, auch bei uns in Europa, was Prognosen schier aussichtslos macht. Aber dieser Präsident handelt besonders unvorhersehbar, selbst das Undenkbare ist nicht auszuschließen. Wie oft dachte man, bei Trump schon alles erlebt zu haben, und dann setzte er noch einen drauf? Wie oft dachte man, das war's jetzt, das überlebt er politisch nicht, nur um dann eines Besseren belehrt zu werden? Aber was soll und kann denn, frage ich mich regelmäßig, überhaupt noch kommen? Werden ihn die Mueller-Ermittlungen zu den Russland-Verbindungen seines Wahlkampfteams doch zu Fall bringen? Wird Trump irgendwann frustriert von selbst hinschmeißen? Oder doch 2020 seine erfolgreiche Wiederwahl feiern? Wird seine Administration weiter vor sich hin holpern oder irgendwann flüssiger laufen? Werden ihm seine treuen Anhänger irgendwann doch noch von der Stange gehen oder werden sie ihn weiter unerschütterlich als ihren letzten Bannerträger, ihre letzte Chance anfeuern? Und vor allem: Werden sich die USA von den Schäden erholen, die Trumps Präsidentschaft national wie international anrichtet?

All diese Fragen sind berechtigt. Doch bei aller Aufmerksamkeit, welche dieses Kapitel in der Geschichte der USA auf sich zieht, ist es meiner Meinung nach wichtig, den zentralen Gedanken dieses Buches nicht aus den Augen zu verlieren, nämlich dass es sich bei Trump mehr um ein Symptom als um eine Ursache handelt. »Selbst wenn Trump fort ist, (...) wird der *Trumpismus* oder der populistische Nationalismus fortbestehen. Wir stehen in dieser Hinsicht vor einer gewissen Gefahr. Und müssen aufpassen, all das nicht nur auf Trumps schwierige Persönlichkeit zu schieben«, sagt Harvard-Politologe Joseph Nye.[74]

In der Tat, die Veränderungen greifen tiefer. Mit den populistischen, autoritären und nationalistischen Strömungen, die derzeit fast alle westlichen Länder der Welt erfassen, müssen wir uns auch jenseits dieser Präsidentschaft auseinandersetzen. Die Strömungen seien zwar nicht dominant, so Nye, und schaue man sich Umfragen an, wolle die Mehrheit der Amerikaner nach wie vor internationales Engagement und Zusammenarbeit mit anderen Ländern. »Aber dieser populistische Nationalismus, den Trump angezapft hat, ist vorhanden.« Das ist die wahre Herausforderung der Zukunft.

# Dank

Ich bin einmal in meinem Leben einen Marathon gelaufen. Betonung auf *einmal*. Denn so großartig die Erfahrung auch war – die ungewohnte Herausforderung, die jubelnde Menge am Straßenrand, das Erfolgserlebnis, es geschafft zu haben –, noch im Zielraum pulsierte der Gedanke durch meinen Kopf: *das* musst du so bald nicht noch mal machen. *Been there, done that!* Und tatsächlich ist es bislang bei dieser Premiere geblieben.

In gewisser Weise kommt mir das Schreiben eines Buches wie ein Marathonlauf vor. Bei aller Begeisterung über erreichte Abschnitte und die Gelegenheit, sich tiefer mit einer Materie auseinanderzusetzen als es uns Fernsehjournalisten meist möglich ist: Es ist eine ebenfalls Ausdauer fordernde Angelegenheit, mit Höhen und Tiefen, mitunter mal mit Zweifeln und mentaler Atemlosigkeit. Insofern war die Arbeit an meinem ersten Buch *Fremdes Land Amerika* zwar eine befriedigende, gefolgt von der Freude über dessen Erfolg, aber ich hatte wie schon bei der gelaufenen Langstrecke angenommen, dass ich so schnell nicht wieder auf die geschriebene gehen würde. Offensichtlich ist es diesmal anders gekommen.

Zu verdanken habe ich das der klugen Weitsicht und dem unermüdlichen Engagement von Christoph Steskal, Programmleiter Sachbuch beim Ullstein Verlag, der die Initiative für *Anderland*

195

ergriffen hat. Ursprünglich hatten wir geplant, eine Taschenbuchausgabe des Vorgängers herauszubringen, denn auch wenn es kurz vor der Präsidentschaftswahl 2016 erschienen ist, so ist es doch in grundsätzlichen Aspekten weiterhin aktuell. Es sollte lediglich eine Erweiterung um ein Kapitel zur Präsidentschaft Donald Trumps geben. Doch schnell war klar, dass das nicht reichen würde, um auch nur annähernd abzubilden, was in den Staaten gerade passiert. Und so kam es zu vorliegender Fortsetzung. Ich danke dem Ullstein Verlag für diese Möglichkeit (und dafür, dass es die Taschenbuchausgabe von *Fremdes Land Amerika* trotzdem gibt); unter den Beteiligten vor allem Bettina Kasten, Antoinette von Schwarzkopf, Constance Stifft und mit großer Hilfe auf der Zielgeraden Niels Brockmeyer.

Anders als beim Marathon lief ich beim Schreiben glücklicherweise nicht allzu sehr Gefahr, die Einsamkeit des Langstreckenläufers zu spüren, wofür ich einer ganzen Reihe von Unterstützern dankbar bin. Vertrauensvoll kann ich mich auf den sicheren Instinkt meines Lektors Jan Martin Ogiermann verlassen, der mich an so mancher Stelle davor bewahrte, mich zu verrennen. Für wohlwollende Begleitung danke ich auch meinen wackeren Erstlesern Philipp Ackermann, Vladimir Balzer, Marcus Bornheim und Martin Ganslmeier sowie besonders Nicole Bölhoff, Kai Küstner, Can Merey und im Schlussspurt Pippa Kühl.

Für die notwendige Orientierung sorgte einmal mehr Daniel Graf, dessen feinfühliges Gespür für Richtung, Ton und Stil auch diesem Buch in die passende Spur verholfen hat. Sein geduldiger Zuspruch und der Beistand der gesamten Literatur- und Medienagentur Graf & Graf waren essenziell.

Ich danke Lis Miebach und Lena Ropertz sowie dem Team meiner Agentur Barbarella, deren Umsicht ich bewundere und deren Humor und Rückhalt ich nicht mehr missen möchte.

Besondere Erwähnung verdient die RIAS Berlin Kommission. Ihre Arbeit im deutsch-amerikanischen Journalisten-Austausch ist in Zeiten wie diesen bedeutsam wie nie. Und machte einige Recherchen hierfür erst möglich. Daher danke ich dem Executive Director Erik Kirschbaum für Feedback und Kontakte, den Organisatoren des Texas-Programms Hildegard Boucsein und Ann Klaus für den breitgefächerten Input sowie meinen mitgereisten Fellows für eine unvergessliche Tour. Howdy!

Andrew Adair, Lutz Finger und Constanze Stelzenmüller haben mir Einblicke hinter die Kulissen ihrer Arbeitswelt gewährt, dank derer ich wichtige Zusammenhänge besser verstehen konnte.

Ohne die Hilfe des ARD-Studios in Washington, D.C. wäre ich oft nicht weiter gekommen. Dabei sei die Arbeit der unermüdlichen Producer erwähnt, die vieles erst möglich machen. In erster Linie: Thank you, Hillery Gallasch! Thank you and stay classy, Heather Dorf-Dolce!

Die Hauptstadt der USA ist für meine Familie und mich eine zweite Heimat geworden, was zum Großteil an den wunderbaren Menschen liegt, die wir dort kennen. Für Gastfreundschaft, weiterführende Ideen und offenen Austausch während der Entstehung von *Anderland* danke ich Gretchen und Michael Robbins, Liz Brown und Hartmann Schoebel, John und Alma Paty, Andrea Custodi, Mikey Hurley und Simon Schropp, Christelle Chapoy und Saurabh Dani sowie Jen. Und natürlich Rachel Martin und Luke Hartig.

Meiner Familie bin ich dankbar für ihre unverwüstliche und liebevolle Unterstützung *along the road*. Meiner amerikanischen Familie für die Nähe, die sie uns auch über den Atlantik hinweg vermittelt, und dabei besonders meinem Schwiegervater für seine Geduld und unsere leidenschaftlichen Gespräche. Thank you and: *Go, Pack, Go!* Sowie meiner deutsch-italienischen Familie, die uns den Neustart nach dem Abenteuer Amerika leichter gemacht hat. Meinen Eltern danke ich für die Gewissheit, mich jederzeit auf sie verlassen zu können. Grazie!

Auf meine fabelhaften Kinder bin ich unfassbar stolz, weil sie tapfer, reibungslos und mit beeindruckender Bravour die Rückkehr nach Deutschland, das für sie zu einem fremden Land geworden war, gemeistert haben. Und weil sie sich auf ihrem Weg nicht aus dem Tritt bringen lassen – selbst von einem Drei-Sterne-General nicht.

Vor allem danke ich von ganzem Herzen meiner wundervollen Frau. Ohne sie wäre nicht nur dieses Buch nicht möglich gewesen. Ihr anfeuernder Rat und ihre verständnisvolle Unterstützung bedeuten mir alles und sind genauso zentral für den gemeinsamen Weg wie ihre unerschütterliche Bereitschaft, wenn nötig die Extra-Meile zu gehen. Egal auf welcher Strecke. There are no words. Thank you!

# Anmerkungen

1 Joshua Green: »The Remaking of Donald Trump«, www. bloomberg.com/news/features/2017-07-06/the-remaking-of-donald-trump (abgerufen am 26. 02. 2018)

2 David Smith, »Donald Trump: the making of a narcissist«, www.theguardian.com/us-news/2016/jul/16/donald-trump-narcissist-profile (abgerufen am 26. 02. 2018)

3 Michael D'Antonio im Interview mit dem ARD-Studio Washington am 22. 2. 2016 in New York

4 Smith, a. a. O.

5 Katy Tur: *Unbelievable. My Front-Row Seat to the Craziest Campaign in American History*, New York 2017, S. 93

6 D'Antonio, a. a. O.

7 Joe Flint: »GOP Debate Draws 24 Million Viewers, Making Cable History as Donald Trump Leads the Race«, blogs.wsj. com/cmo/2015/08/07/gop-debate-draws-24-million-viewers-making-cable-history-as-donald-trump-leads-the-race/?-mod=e2fb (abgerufen am 26. 02. 2018)

8 Lisa de Moraes: »Trumpocalypse Showers Cable News Networks With Q3 Ratings«, Recordsdeadline.com/2016/09/fox-news-cnn-msnbc-donald-trump-ratings-records-quar-ter-third-1201827147/ (abgerufen am 26. 02. 2018)

9 Mary Harris: »A Media Post-Mortem on the 2016

Presidential Election«, www.mediaquant.net/2016/11/a-
media-post-mortem-on-the-2016-presidential-election/
(abgerufen am 26. 02. 2018)

10   Peter S. Goodman, Jonathan Soble: »Global Economy's
Stubborn Reality: Plenty of Work, Not Enough Pay«,
www.nytimes.com/2017/10/07/business/unemployment-
wages-economy.html (abgerufen am 26. 02. 2018)

11   Tur, S. 5

12   Harry Enten, »Americans' Distaste For Both Trump And
Clinton Is Record-Breaking«, fivethirtyeight.com/features/
americans-distaste-for-both-trump-and-clinton-is-record-
breaking/ (abgerufen am 26. 02. 2018)

13   uselectionatlas.org/RESULTS/ (abgerufen am 26. 02. 2018)

14   Matthew Yglesias: »What really happened in 2016, in 7
charts«, www.vox.com/policy-and-politics/2017/9/18/
16305486/what-really-happened-in-2016 (abgerufen am
26. 02. 2018)

15   »Russische Trollfabrik fleißiger als gedacht«, www.
tagesschau.de/ausland/twitter-trolle-wahlkampf-101.html
(abgerufen am 26. 02. 2018)

16   www.npr.org/2016/11/08/501078777/district-of-columbia-
2016-presidential-and-state-election-results (26. 02. 2018)

17   David Remnick: »Donald Trump's True Allegiance«,
The New Yorker, 28. 08. 2017

18   www.jfklibrary.org/Research/Research-Aids/Ready-
Reference/JFK-Quotations/Inaugural-Address.aspx
(abgerufen am 26. 02. 2018)

19   Lauren Messman: »Trump's Inauguration Was ›Some Weird
Shit‹, Apparently«, www.vice.com/en_us/article/gvekkj/
george-w-bush-thought-trumps-inauguration-was-some-
weird-shit-apparently (abgerufen am 26. 02. 2018)

20   »How popular is Donald Trump«, projects.fivethirtyeight.

com/trump-approval-ratings/ (abgerufen am 26. 02. 2018)

21  Maggie Haberman, Glenn Thrush, Peter Baker: »Inside
    Trump's Hour-by-Hour Battle for Self-Preservation«,
    www.nytimes.com/2017/12/09/us/politics/
    donald-trump-president.html?mtrref=undefined&gwh=
    3A9751B8690BF85C92B1BCCF72F25AC6&gwt=pay (abgerufen
    am 26. 02. 2018)

22  ebd.

23  Marc Pitzke: »Die Verharmlosung des Hasses«,
    www.spiegel.de/politik/ausland/donald-trump-zu-
    charlottesville-die-verharmlosung-des-hasses-a-1163042.
    html (abgerufen am 26. 02. 2018)

24  Edward-Isaac Dovere: »Obama: Presidents need to watch
    their behavior«, www.politico.com/story/2018/01/12/obama-
    letterman-netflix-presidents-behavior-337914 (abgerufen am
    26. 02. 2018)

25  »Apple beschert dem Präsidenten einen großen Erfolg«,
    www.srf.ch/news/wirtschaft/us-wirtschaft-im-aufwind-
    apple-beschert-dem-praesidenten-einen-grossen-erfolg
    (abgerufen am 26. 02. 2018)

26  http://tradepartnership.com/wp-content/uploads/2018/01/
    NAFTA-Termination-Impact-FINAL.pdf (abgerufen am
    26. 02. 2018)

27  »National Income and Product Accounts Gross Domestic
    Product: Fourth Quarter and Annual 2017 (Advance
    Estimate)«, www.bea.gov/newsreleases/national/gdp/
    gdpnewsrelease.htm (abgerufen am 26. 02. 2018)

28  Eliana Johnson: »Republicans finally get what they wanted
    out of Trump«, www.politico.com/story/2017/12/20/
    republicans-finally-get-what-they-wanted-out-of-trump-
    310826 (abgerufen am 26. 02. 2018)

29  Christopher Buskirk: »Michael Wolff did Trump a big

favor«, www.washingtonpost.com/opinions/michael-wolff-did-trump-a-big-favor/2018/01/09/7acfaf94-f565-11e7-beb6-c8d48830c54d_story.html?utm_term=.d2103d334be6 (abgerufen am 19. 02. 2018)

30 Paul Musgrave: »There is no secret master plan. Trump is the WYSIWYG president«, www.washingtonpost.com/news/posteverything/wp/2018/01/03/there-is-no-secret-master-plan-trump-is-the-wysiwyg-president/?utm_term=.98ace3385723 (abgerufen am 19. 02. 2018)

31 »Drug overdose deaths in the United States continue to increase in 2016«, www.cdc.gov/drugoverdose/epidemic/index.html (abgerufen am 26. 02. 2018)

32 Jim Avila, Michael Murray: »Prescription Painkiller Use at Record High for Americans«, abcnews.go.com/US/prescription-painkillers-record-number-americans-pain-medication/story?id=13421828 (abgerufen am 26. 02. 2018)

33 J.D. Vance, Hillbilly-Elegie, Berlin 2017, S. 14

34 Philipp Oehmke: »Ein Trump in jeder Familie«, Der Spiegel 14/2017, S. 112.

35 dpa-Meldung vom 16. 01. 2018, 06:53 Uhr, Korrespondenten-Bericht von Andrea Barthélémy: »US-Experten warnen vor Opioid-Mix in der Todesspritze«

36 German Lopez: »Congress's budget deal doesn't do enough to fight the opioid crisis«, www.vox.com/policy-and-politics/2018/2/8/16988236/congress-federal-budget-opioid-crisis (abgerufen am 26. 02. 2018)

37 www.law.cornell.edu/uscode/text/36/301

38 www.atlantik-bruecke.org/en/interview-nye-2/ (abgerufen am 14. 03. 2018)

39 David Brooks: »The Siege Mentality Problem«, www.nytimes.com/2017/11/13/opinion/roy-moore-conservative-evangelicals.html?mtrref=undefined&

assetType=opinion (abgerufen am 26. 02. 2018)

40  Maggie Haberman, Glenn Thrush, Peter Baker: »Inside
    Trump's Hour-by-Hour Battle for Self-Preservation«,
    www.nytimes.com/2017/12/09/us/politics/
    donald-trump-president.html?mtrref=undefined&gwh=
    3A9751B8690BF85C92B1BCCF72F25AC6&gwt=pay (abgerufen
    am 26. 02. 2018)

41  Michael Scherer, Zeke J. Miller: »Donald Trump After
    Hours«, time.com/donald-trump-after-hours/ (abgerufen
    am 26. 02. 2018)

42  Jack Goldsmith: »Will Donald Trump Destroy the
    Presidency?«, *The Atlantic*, Oktober 2017, S. 66

43  Katy Tur: *Unbelievable. My Front-Row Seat to the Craziest
    Campaign in American History*, New York 2017

44  David Leonhardt, Ian Prasad Philbrick, Stuart A.
    Thompson: »Trump's Lies vs. Obama's«, www.nytimes.
    com/interactive/2017/12/14/opinion/sunday/trump-
    lies-obama-who-is-worse.html?mtrref=www.google.
    de&gwh=6BFDACA6A5324FDF72594C9CA57C5432&gwt=
    pay&assetType=opinion (abgerufen am 26. 02. 2018)

45  ebd.

46  »Hannah Arendt: From an Interview«, www.nybooks.
    com/articles/1978/10/26/hannah-arendt-from-an-interview/
    (abgerufen am 26. 02. 2018)

47  Donald J. Trump mit Tony Schwartz: *Donald Trump. The
    Art of the Deal*, Ballantine Books, New York 1987, S. 56 u. 58
    (übers. von I. Z.)

48  Sascha Lobo: »Die AfD verstehen, ohne Verständnis zu
    entwickeln«, www.spiegel.de/netzwelt/web/afd-im-bundes
    tag-die-afd-verstehen-ohne-verstaendnis-zu-entwickeln-
    kolumne-a-1168883.html (abgerufen am 26. 02. 2018)

49  Jack Shafer: »Did we create Trump?«, www.politico.com/

magazine/story/2016/04/did-media-reporters-create-
trump-2016-campaign-213840 (abgerufen am 21. 02. 2018)

50  Brian Amaral: »CBS's Major Garrett: Fewer Questions,
More Talking Points At Trump Press Briefings«,
www.wbur.org/onpoint/2017/12/04/political-
sledgehammering (abgerufen am 26. 02. 2018)

51  via *New York Times*-Newsletter »Opinion Today«, 23. 11. 2017

52  Richard J. Tofel: »The Country Doesn't Trust Us – But They
Do Believe Us«, www.niemanlab.org/2016/12/the-country-
doesnt-trust-us-but-they-do-believe-us/?utm_content=
buffer5240f&utm_medium=social&utm_source=twitter.
com&utm_campaign=buffer (abgerufen am 26. 02. 2018)

53  »CBP Border Security Record«, www.cbp.gov/sites/default/
files/assets/documents/2017-Dec/cbp-border-security-
report-fy2017.pdf (abgerufen am 26. 02. 2018)

54  Anne-Katrin Mellmann: »El Salvador: Entsetzen nach
Trumps Abschiebe-Drohung«, www.tagesschau.de/
ausland/el-salvador-trump-101.html (am 26. 02. 2018)

55  Serena Marshall: »Obama Has Deported More People
Than Any Other President«, abcnews.go.com/Politics/
obamas-deportation-policy-numbers/story?id=41715661
(abgerufen am 26. 02. 2018)

56  Ingrid Rojas: »The 1986 Immigration Reform Explained«,
abcnews.go.com/ABC_Univision/Politics/1986-amnesty/
story?id=18971179 (abgerufen am 26. 02. 2018)

57  German Lopez: »A year after the first Women's March,
millions are still actively protesting Trump«, www.vox.
com/policy-and-politics/2018/1/23/16922884/womens-march-
attendance (abgerufen am 26. 02. 2018)

58  www.indivisible.org/guide/ (abgerufen am 26. 02. 2018)

59  Charlotte Alter, »A Year Ago, They Marched. Now a
Record Number of Women Are Running for Office«, time.

com/5107499/record-number-of-women-are-running-for-office/ (abgerufen am 26. 02. 2018)

60  Laura Bassett: »Meet The Woman Who Could Be Texas' First Latina In Congress«, www.huffingtonpost.com/entry/meet-the-woman-who-could-be-texas-first-latina-in-congress_us_59b16c96e4b0dfaafcf61753 (abgerufen am 26. 02. 2018)

61  Mark Lilla zit. nach Philipp Oehmke: »Das PC-Monster«, Der Spiegel 49/2016, S. 134

62  Donald Brownstein: »Millennials to pass baby boomers as largest voter-eligible age group, and what it means«, edition.cnn.com/2017/07/25/politics/brownstein-millennials-largest-voter-group-baby-boomers/index.html (abgerufen am 26. 02. 2018)

63  Bettina Gaus: »Präsident auf der Siegerstraße«, www.taz.de/!5474277/ (abgerufen am 26. 02. 2018)

64  Dieser Dialog folgt in freier Formulierung einem Artikel über besagtes Treffen. Jonathan Swan: »Trump's Government of One«, www.axios.com/trumps-government-of-one-1513306691-b7aed116-84c7-46fa-8375-570948a76374.html (abgerufen am 26. 02. 2018)

65  Julie Ray: »World's Approval of U.S. Leadership Drops to New Low«, news.gallup.com/poll/225761/world-approval-leadership-drops-new-low.aspx (abgerufen am 26. 02. 2018)

66  Gabi Biesinger: »Trump macht die USA bedeutungslos«, www.tagesschau.de/ausland/kommentar-trump-asienreise-101.html (abgerufen am 26. 02. 2018)

67  Meghann Myers: »Back to Europe: The Army is sending more troops, tanks and helicopters to deter Russia«, www.armytimes.com/news/your-army/2017/03/19/back-to-europe-the-army-is-sending-more-troops-tanks-and-helicopters-to-deter-russia/ (abgerufen am 26. 02. 2018)

68 Bill Wirtz: »U.S. Military Spending in Europe: Whatever Happened to ›Make 'em Pay‹?«, www.realcleardefense.com/articles/2018/01/30/us_military_spending_in_europe_whatever_happened_to_make_em_pay_112983.html (abgerufen am 26. 02. 2018)

69 www.nytimes.com/2018/01/08/opinion/anti-trump-opposition.html (abgerufen am 18. 03. 2018)

70 Steven Levitsky, Daniel Ziblatt: How Democracies Die. New York 2018, S. 5

71 So auch Ezra Klein, vgl. www.vox.com/policy-and-politics/2018/2/2/16929764/how-democracies-die-trump-book-levitsky-ziblatt (abgerufen am 18. 03. 2018)

72 ebd.

73 www.washingtonpost.com/news/the-fix/wp/2016/09/15/poll-nearly-half-of-americans-say-voter-fraud-occurs-often/?-utm_term=.c458bdd40596 (abgerufen am 18. 03. 2018)

74 »Nastiness can be more effective than soft power«, Interview mit Joseph Nye, www.atlantik-bruecke.org/de/interview-nye-2/ (abgerufen am 19. 03. 2018)

Ingo Zamperoni

# Fremdes Land Amerika

Warum wir unser
Verhältnis zu den USA
neu bewerten müssen

Aktualisierte und erweiterte Ausgabe.
Taschenbuch.
Auch als E-Book erhältlich.
www.ullstein-buchverlage.de

*Deutschland und Amerika – ziemlich fremde Freunde?*

»Die Auseinandersetzung mit den Vereinigten Staaten zieht sich wie ein roter Faden durch mein Leben
und war zunächst von einer jugendlich naiven Begeisterung für dieses Land geprägt. Es sollte einige Jahre
dauern, bis mein romantisiertes USA-Bild einer realisti-
scheren Betrachtung wich.«

Ein sehr persönlicher und kluger Blick auf Amerika und
die deutsch-amerikanischen Beziehungen – von ARD-
Moderator und US-Experten Ingo Zamperoni.

*»Zamperoni präsentiert Nachrichten mit einer seriösen
Leichtigkeit, die den Zuschauer davon abhält, über den
Übeln der Welt zu verzweifeln.«*
**Matthias Kalle in ZEITmagazin**

ullstein